Merci la vie

#LIBERTÉ #GRATITUDE #AMOUR #JOIE #PARDON

Révision : Marie Souart

Correction : Audrey Faille

Infographie : Stéphane Losq

Photographie de couverture : Simon Normand

Couverture : Julie St-Laurent

.

ISBN : 978-2-924402- 98-6

Dépôt légal – Bibliothèque et Archives nationales du Québec, 2016

Dépôt légal – Bibliothèque et Archives Canada, 2016

Imprimé au Québec

IMA

Merci la vie

#LIBERTÉ #GRATITUDE #AMOUR #JOIE #PARDON

édito

> *Le seul transformateur, le seul alchimiste qui change tout en or, c'est l'amour. Le seul antidote contre la mort, l'âge, la vie ordinaire, c'est l'amour.*
>
> Anaïs Nin

Apprendre à être heureuse

Un livre ! Si quelqu'un m'avait dit, il y a deux ans à peine, que j'en publierais un, je ne l'aurais pas cru. Pourtant, j'écris depuis longtemps. Depuis que je suis toute petite, je tiens mon journal, je rédige des textes, des chansons, des lettres. Les livres m'ont toujours accompagnée. Ma bibliothèque est bien fournie. Je lis des romans, des biographies, des récits, des recueils de poésie, des livres de spiritualité et de développement personnel.

Concevoir un livre m'a alors semblé une suite logique. Je ne l'aurais pas fait auparavant, mais cette démarche était en phase avec mon cheminement actuel qu'illustre parfaitement cet ouvrage. C'était pour moi la meilleure façon de dresser le bilan de ma vie, depuis ma naissance jusqu'à ma renaissance, en nommant les étapes que j'avais franchies pour devenir la femme que je suis. Je désirais partager mon parcours, mais il n'était pas question de publier un simple livre de confidences, comme il y en a tant. Je voulais au contraire qu'il remplisse trois objectifs :

- me révéler sous un jour nouveau, plus intime, au-delà de mon image publique ;

- me raconter au travers des évènements, magnifiques ou difficiles, grâce auxquels je me suis construite pour devenir la femme que je suis aujourd'hui ;

- transmettre mes « trucs » et mes observations, tout ce que mon cheminement spirituel et le travail entrepris sur moi-même m'ont appris depuis plus de quinze ans, et comment j'ai appliqué ces outils pour mieux me connaître, m'aimer et me respecter.

Ce livre célèbre surtout la force de mon amour pour la vie. Je remercie la vie de m'avoir tant donné. Au travers des bons comme des moins bons moments, j'ai progressé, je me suis déployée et réalisée, parfois péniblement, mais finalement dans la joie, en cultivant un sentiment d'accomplissement et de liberté. Alors en me réveillant chaque matin, je me sens remplie de gratitude. Merci la vie, oui, merci ! Mes journées commencent par ces mots, qui les illuminent parce qu'ils ouvrent mon cœur et mon âme.

Heureuse, je ne l'ai pas toujours été. Loin de là. J'ai appris à le devenir. Et je poursuis mon apprentissage jour après jour. J'ai fait la paix avec la petite fille tourmentée que j'ai été. J'ai dompté la tigresse, la *drama queen* en moi, et, contrairement à ce que j'aurais cru, je vis mieux ainsi.

Pendant plus d'un an, j'ai conçu ce livre avec sincérité, amour et compassion. Écrire représente un cheminement en soi, au plus profond de soi, et cela m'a fait un bien immense. Aujourd'hui, mon souhait le plus cher est qu'il puisse aider d'autres personnes à s'aimer davantage et à s'autoriser à être heureuses.

Ce livre vous appartient désormais. S'il vous amène à remercier la vie en vous réveillant chaque matin, ce sera mon plus beau cadeau.

Bonne lecture!

Ima :) xxx

L'amour nous lie sans nous attacher

L'amour nous engage sans nous enfermer

L'amour nous fait trembler sans nous mettre dans la crainte

L'amour nous fait pleurer sans refermer nos cœurs

L'amour nous fait désirer sans posséder

L'amour nous enchaîne et nous rend libres.

Frédéric Lenoir

A aahhh l'amour, je pourrais écrire un livre entier sur mes histoires d'amour! Malgré une histoire familiale plutôt hors norme et toutes les peines de cœur que j'ai vécues jusqu'à ce jour, je suis capable de dire aujourd'hui que je crois profondément que l'amour peut triompher de tout.

Comme l'écrit Oprah Winfrey, « lorsque vous vous faites un devoir toute votre vie d'aimer les autres, il n'y a jamais d'épilogue, car l'histoire se poursuit ».

Commençons ici par l'amour inconditionnel de ma mère.

Je suis l'enfant d'une magnifique histoire d'amour, un amour vrai et unique. C'est une histoire à la fois forte, merveilleuse et difficile. Mes parents se sont rencontrés le 7 juillet 1977. 7.7.77. On croirait à un nombre cosmique, une sorte de formule magique.

Ma mère est native du Nouveau-Brunswick. Sa famille vient de Le Goulet, un petit village de pêcheurs près de Shippagan, dans la Péninsule acadienne. Mon grand-père avait une terre peu fertile et il était pêcheur de crabes et de homards. J'adore cette famille et la région qui l'a vue naître, à laquelle je suis attachée autant qu'à la mer, qui est un élément essentiel à mon équilibre. Ce coin de pays résonne en moi encore aujourd'hui.

À seize ans, ma mère a saisi l'opportunité de venir travailler à Montréal en tant que serveuse dans un restaurant où l'une de ses sœurs lui avait obtenu un emploi. Elle était ouverte à la vie, travaillante et curieuse d'apprendre. Au début de la vingtaine, on lui a dit qu'elle ne pourrait pas avoir d'enfant. Ça a été un drame pour elle, qui ne nourrissait pas de plus grand rêve que celui de devenir maman. Elle était en train de faire son deuil lorsque le destin s'est manifesté et qu'elle a rencontré mon père, à l'été 1977.

Homme d'affaires brillant et méthodique, mon père était comptable agréé et avait fondé sa compagnie au début de sa carrière. Il s'était marié et avait eu deux garçons. Il appartenait à cette catégorie d'hommes solides qui n'hésitent pas à faire passer le travail avant tout, avec l'ambition de bâtir et de léguer un patrimoine à leur descendance. Mais après quelques années de mariage, le couple traversait une période difficile...

C'est au cours d'un tournoi de golf organisé par ma mère et auquel mon père avait été invité que se produisit le coup de foudre. En soirée, après l'événement, ils prirent un verre et passèrent une bonne partie de la veillée à chanter. Ma mère a une voix magnifique et mon père adore chanter. Lorsque mon père raccompagna ma mère jusqu'à sa voiture, à la fin de la soirée, ils se rendirent compte avec amusement que leurs véhicules étaient garés côte à côte. À cet instant-là, ma mère bascula sur ses talons et mon père l'attrapa avant qu'elle ne tombe. Comme elle avait perdu un soulier en trébuchant, il se pencha vers elle pour le lui remettre. Il était exactement minuit. J'adore cette histoire, ce passage en particulier, qui est digne des meilleurs contes de fées...

> *Pour qu'un amour soit inoubliable, il faut que les hasards s'y rejoignent dès le premier instant.*
>
> **Milan Kundera**

Le lendemain, ma mère partait en vacances au Nouveau-Brunswick pendant deux semaines. Elle pensait sans cesse à lui, sentait son parfum partout, comme s'il s'était imprimé dans sa mémoire. Les cellulaires, les messages texte n'existaient pas à cette époque. Tout se jouait donc dans les souvenirs, les impressions, les ressentis. Le temps passait à un autre rythme.

De retour à Montréal, ma mère a appris qu'il était marié et qu'il avait deux enfants. Son château de cartes s'est écroulé. Personne ne souhaite s'embarquer dans une telle galère, mais c'était trop tard, elle était déjà amoureuse. De plus, quelques semaines plus tard, elle s'est rendue compte qu'elle était enceinte. C'était miraculeux! Il était impensable pour elle de ne pas garder cet enfant. Elle a alors annoncé la nouvelle à mon père, qui s'est engagé, en dépit des circonstances, à être toujours présent. Et de fait, il l'a accompagnée tout au long de sa grossesse jusqu'à ma naissance.

On m'a raconté que je n'étais pas encore complètement sortie du ventre de ma mère que je hurlais déjà. C'était, à ce qu'on dit, vraiment impressionnant. Je le comprends mieux maintenant, depuis que j'ai pris conscience, grâce à la thérapie que j'ai suivie, que ce hurlement originel était ma façon d'attirer l'attention, de signaler haut et fort ma présence.

Pendant huit ans, la famille de mon père, ainsi que la plupart de ses amis, ont ignoré mon existence. Mon père vivait une double vie, partagé entre ses deux familles; et moi, j'ai appris à vivre cachée, même s'il m'avait reconnue à la naissance. Il passait le plus de temps possible avec ma mère et moi, mais il aimait aussi son épouse et ses fils. Il ne se voyait pas faire de peine à qui que ce soit.

Lorsque j'ai eu huit ans, mon père révéla la vérité et me présenta à son autre famille, à l'occasion de la fête de Noël. Du jour au lendemain, alors que je me sentais seule et rejetée à l'école, je reçus en cadeau deux grands frères, Patrick et Marc, et une belle-maman, Lise. Une vraie magie de Noël! Eux aussi semblaient heureux d'avoir une petite sœur et Lise, une belle-fille. Mes frères et moi, nous nous sommes toujours bien entendus, davantage encore en vieillissant, et nous sommes proches malgré nos vies trépidantes. Il a fallu plus de temps avec Lise, mais elle est devenue chère à mon cœur.

Six ans plus tard, ma mère concrétisa son rêve d'ouvrir un restaurant au Nouveau-Brunswick. Je vécus donc à temps plein chez mon père de quatorze ans à seize ans. Grâce à lui, j'ai bénéficié d'un cadre, d'une discipline, d'un mode de vie différent de celui que j'avais connu auprès de ma mère, avec laquelle j'ai vécu une relation plutôt exclusive et fusionnelle. J'ai ainsi appris à connaître mon père et à lui faire confiance.

Ma mère n'a jamais refait sa vie. Je suis restée sa fille unique. Et puis, l'eau a coulé sous les ponts, le temps a fait son œuvre et, finalement, l'amour a triomphé. Mon père et Lise ont divorcé et mes parents se sont mariés en 2010, trente-trois ans après leur rencontre. En 2017, cela fera quarante ans que dure leur amour. Ils sont si heureux ensemble, et leur bonheur me réjouit. Notre histoire familiale est particulière, j'en ai conscience. Elle n'est ni conventionnelle ni facile à vivre, mais singulière, ça oui, certainement. Voir mes parents ainsi réunis, paisibles et formant un couple accompli, me procure un sentiment de paix et de gratitude.

L'amour triomphe en effet de tout. C'est le message essentiel que m'ont transmis mes parents, celui que je porte en moi et que je souhaite véhiculer à mon tour. Je ne suis pas une personne naïve, mais je cherche à entretenir une certaine candeur et une ouverture d'esprit, à percevoir les choses à ma manière et à croire que tout est possible. Grâce à l'amour en particulier. Je suis une personne aimable, aimante. J'ai le cœur plein d'un amour qui ne demande qu'à être partagé.

 Pour avoir la capacité d'aimer et de s'aimer, il faut avoir senti que l'on nous aimait.

Guy Corneau

Ce que j'ai appris

On peut vivre des situations difficiles, complexes, blessantes et néanmoins en retirer une expérience positive au travers de laquelle on grandit et on progresse. Il n'y a pas qu'une seule façon de vivre, un modèle unique à suivre, ou une seule bonne façon d'analyser un vécu. Il s'agit plutôt de chercher à percevoir les différentes facettes de ce que la vie nous a amenés à vivre.

Il est facile de critiquer et de se contenter de juger. Mes parents ont construit leur relation à leur image, au travers de circonstances singulières. Il n'y a pas deux histoires d'amour identiques et chaque couple doit inventer la sienne. L'histoire de mes parents m'a appris à être ouverte d'esprit, tolérante et bienveillante. Elle m'a aussi enseigné qu'il ne faut jamais renoncer, car on ne sait pas ce que la vie peut nous apporter.

La philosophie de vie de ma mère se résume à un seul mot, et pas n'importe lequel : **AMOUR. Faire les choses avec amour nous fait du bien et fait du bien autour de nous, ce qui, par ricochet, rejaillit sur nous.** Mettons de l'amour dans nos actes, dans nos pensées, dans nos relations et dans tout ce que nous entreprenons, et nous aurons une vie plus heureuse.

Mon père est un homme loyal, fiable et travaillant, et il m'a transmis ces valeurs. Il m'a aussi inculqué que la vie est courte et que l'on est chanceux de pouvoir se réaliser. La responsabilité d'être heureux nous appartient. Quand ça ne va pas, il faut aller chercher de l'aide, se munir de tous les outils possibles, marquer une pause si nécessaire pour reprendre son souffle, et ensuite rebondir. Mais jamais il ne faut abandonner!

La famille est plus forte que toutes les tempêtes. C'est vrai pour la majorité d'entre nous. En ce qui me concerne, je me sais inconditionnellement aimée par mes parents et je sais que je peux inconditionnellement compter sur eux, ainsi que sur ma famille élargie. Père, mère, frères, oncles, tantes, amis fidèles forment le socle de mon existence. Réciproquement, ma famille sait qu'elle peut inconditionnellement compter sur moi.

> *Sans le pardon, nous resterions prisonniers de nos actes et de leurs conséquences.*
>
> Hanna Arendt

pardon

J'estime avoir vécu une belle enfance. J'étais choyée parce que j'étais le centre de la vie de ma mère et que je le savais. Je l'ai toujours su. L'amour ne s'explique pas, il se ressent, et je n'ai jamais douté de l'immensité de l'amour que me portait ma mère. Elle m'a donné tellement d'amour que ça m'a protégée.

J'ai vécu comme de nombreux enfants ont vécu ou vivent aujourd'hui : avec une mère qui travaille beaucoup et qui ne peut pas être suffisamment présente, mais qui, dès qu'elle est là, est vraiment toute là. Sa disponibilité ne se mesurait pas en termes de quantité, mais en termes de qualité. Nous avons partagé des moments exceptionnels.

Au quotidien, j'ai grandi entourée de gardiennes. C'est une réalité indissociable de mon enfance. Mais il y a une de ces histoires qui restera indélébile. Et il ne s'agit

pas d'une histoire de gardienne, mais de gardien. L'histoire du premier gardien de ma vie.

Il avait dans la quarantaine. Il a abusé de moi lorsque j'avais trois ans, et ça a duré jusqu'à mes cinq ans. J'avais complètement oublié cet épisode de ma petite enfance quand, à dix-huit ans, un rêve a fait remonter tous les souvenirs, les circonstances précises. Les images ont ressurgi d'un recoin de ma mémoire. En bloc. J'en ai parlé avec ma mère, qui s'est sentie coupable et s'en est immédiatement voulue, même si je ne l'accusais de rien. Je ne considérais pas qu'elle ait jamais eu sa part de responsabilités. Je comprenais bien qu'il fallait qu'elle travaille et qu'elle n'avait d'autre choix que de me faire garder, et qu'elle faisait son possible pour passer son temps libre avec moi. Elle en a éprouvé une douleur immense.

Je n'ai jamais songé à entamer de poursuites judiciaires contre lui. Je ne veux pas vivre dans la rancune. J'ai cependant ressenti une colère extrême quand je me suis souvenue des événements. J'ai alors entrepris un long travail afin de lui pardonner, de me reconstruire, d'apprendre à m'aimer et de cesser de me faire du mal et d'en faire aux autres, comme je le faisais à la fin de mon adolescence, sans trop savoir pourquoi je ne m'aimais pas à ce point. Ma vie est une suite de rebondissements et j'ai réussi à rebondir par rapport à cet abus en choisissant la paix et la lumière. Aujourd'hui, quand je repense à cet homme et à tout ce qui est arrivé, je ressens pour lui une peine profonde. Il devait être vraiment très mal avec lui-même pour se livrer à de tels gestes sur une enfant de cet âge. J'en ai eu mal pour lui, et c'est ainsi que je suis finalement parvenue à lui pardonner. Seul le pardon permet de tourner la page.

> *Mettez-vous toujours à la place de l'autre. Renoncez un temps à vos opinions, à vos jugements afin de le comprendre.*
>
> **Le dalaï-lama**

Je n'irais pas jusqu'à dire que ça a été une démarche psychologique facile. De tout le travail et le cheminement spirituels que j'ai effectués, c'est certainement l'épisode le plus douloureux que j'ai eu à régler. Mais il fallait que je passe au travers. Pour moi. À cause de cet abus, consciemment ou non, je n'ai pas pu faire confiance aux hommes pendant très longtemps. Je les percevais comme des êtres méchants qui ne font qu'abandonner les autres, puisqu'enfant, j'avais vécu la relation avec mon père comme un abandon. J'avais ainsi nourri une forte blessure d'abandon et aussi une immense colère, insidieuse. C'est par le biais d'un long travail sur moi-même que j'ai réussi à transformer ces peurs et ces ressentiments accumulés, à me libérer de ces énergies négatives, à guérir et à devenir la femme que je suis aujourd'hui. Être parvenue à tisser une très belle relation avec mon père et avoir pardonné à mon gardien abuseur, c'est ma victoire personnelle.

Les traces que l'abus a laissées en moi sont longtemps demeurées profondes et corrosives. Cela fait trois ans à peine que je suis capable d'en parler sans pleurer. Avant, j'évitais le sujet. J'avais honte. C'est au cours d'un *workshop* à Bali durant l'hiver 2014-2015 que j'ai compris que mon esprit et mon âme m'avaient protégée jusqu'à l'âge de dix-huit ans. Avant cela, je n'aurais pas pu me souvenir de ces événements sans développer une quelconque forme de frustration qui aurait pu affecter ma santé mentale. Lorsque j'ai compris cela, je me suis sentie prête à expérimenter une cérémonie de détachement. Je savais que cet homme était décédé. J'ai alors entrepris une sorte de voyage cosmique pour que mon âme rende visite à la sienne et pour couper définitivement les liens nocifs qui pouvaient encore nous relier. Et de nouveau, la seule façon d'opérer ce détachement et de me libérer de cette souffrance a été de tenter de le comprendre, de faire preuve d'empathie en tâchant de ressentir son immense souffrance et de lui dire que je lui pardonnais. J'ai volontairement effectué cette démarche à travers la lumière et l'amour.

Que je sois capable de parler de cet abus aujourd'hui publiquement me paraît presque incroyable. Si l'on m'avait dit, ne serait-ce que l'année dernière, que je le ferais, je ne l'aurais sans doute pas cru. Mais voilà qui est fait.

On ne peut pas accorder son pardon à quelqu'un sans mettre son ego de côté, et c'est certainement l'aspect le plus ardu de cette démarche parce que cela nécessite de rechercher la part de bonté qui existe en chaque être. J'ai la profonde conviction que l'être humain est divin et bon. Je tiens donc à voir le bon en chacun, j'essaie de saisir chaque personne telle qu'elle était à l'origine. Je veux absolument continuer à percevoir le monde ainsi, même chez ceux qui ne sont pas fondamentalement bons. Je veux résolument cerner cette part de bonté que nous avons tous en nous.

Il y a une phrase qui me trotte dans la tête et qui exprime le plus justement possible ce que je ressens : il faut du temps pour être l'amour que l'on porte en soi. Je veux dire qu'il faut du temps pour rejoindre l'être que l'on était à l'origine, avant que des épisodes de vie nous polluent ou nous fracassent. Une fois qu'on a retrouvé notre être originel, on peut alors pardonner en retrouvant également le bon dans l'autre.

J'ai ainsi réussi à recouvrer la part d'innocence qui m'a été volée, enfant. Il faut du temps pour apprendre à s'aimer telle ou tel que l'on est, telle ou tel que l'on était enfant. Il est nécessaire d'y parvenir pour se déployer à sa juste mesure. Il faut du temps pour se rendre justice à soi-même. Ce travail sur soi ne peut s'effectuer dans la jeunesse. Il faut avoir vécu, acquis une certaine maturité et du recul pour réussir à l'entreprendre une fois adulte. Je suis heureuse d'y être parvenue. De ma prime enfance, je préfère ne garder que le bon, même si ce n'est pas toujours facile.

 Même lorsque le ciel est complètement couvert, le soleil ne disparaît pas. Il est derrière les nuages.

Eckhart Tolle

Le pardon libère et rend léger.

Le pardon est un cadeau que l'on se fait d'abord à soi.

La force du pardon est inégalable.

La voie du pardon est pour moi la seule voie possible.

> *Si tu diffères de moi, frère, loin de me léser,*
> *tu m'enrichis.*
>
> Antoine de Saint-Exupéry

revendiquer sa différence

Le rejet, je connais. J'en ai été victime à l'école primaire. Les autres enfants me faisaient bien comprendre que j'étais différente, et il m'a fallu du temps pour accepter cette différence, et plus encore pour la considérer comme un atout. Enfant, je l'ai vécue comme une injustice, précisément parce que je ne voulais qu'une chose : être pareille aux autres. Au lieu de ça, je passais pour une originale, j'étais tenue à l'écart.

Dès l'entrée à l'école, on m'a considérée comme un mouton noir. J'ai ressenti une immense colère, une rage à l'état brut, d'autant plus excessive que je ne comprenais pas les raisons de ce rejet. Plus je réagissais et plus on me rejetait. C'était un cercle vicieux. Avec le recul des années, j'ai compris que cela a fait de moi la personne non conformiste, ouverte aux autres et éprise de liberté que je suis.

Cela a commencé dès la rentrée, une journée primordiale pour chaque enfant. Il y a ceux qui ont hâte et ceux qui y vont à reculons. J'avais manqué l'autobus scolaire si bien que je suis arrivée en retard. Alors, quand je suis entrée dans la classe, tous les regards se sont braqués sur moi, et l'enseignante m'a isolée. Il me semblait évident que je dérangeais. Alors quitte à déranger, j'ai préféré carrément dépasser les limites, ignorer les consignes, répondre, parler fort, mal travailler durant toute ma scolarité.

J'étais une jolie petite fille et une vraie «p'tite crisse»! Mon comportement ne convenait à personne. Pas même à ma mère, qui ne savait pas comment réagir. Elle voyait bien que mes résultats scolaires étaient faibles, et elle culpabilisait sans doute du fait qu'on soit une famille monoparentale, alors pour compenser elle redoublait d'attention et essayait de passer le plus de temps possible avec moi. Elle me faisait également souvent des cadeaux, tout comme mon père, quand je le voyais, chaque vendredi.

Entre six et sept ans, j'ai passé le plus clair de mon temps dans ma chambre. J'aurais aimé jouer dehors après la classe, avec les autres enfants, mais les deux gardiennes de l'époque rendaient la chose impossible. Elles m'enfermaient dans ma chambre pendant des heures. Je me sentais donc isolée à l'école et prisonnière à la maison. Je lançais mes jouets contre les murs – je me souviens qu'il y avait des trous partout –, je criais et je pleurais.

À cause de cela peut-être, je n'ai pendant longtemps pas pu supporter d'être seule. C'est l'inverse aujourd'hui, j'ai profondément besoin d'avoir mes moments à moi, seule chez moi, dans mes affaires. C'est une autre de mes victoires : j'ai apprivoisé ce rapport à la solitude grâce au cheminement que j'ai entrepris pour me connaître et me comprendre davantage, pour apprendre à me respecter et à guérir les blessures du passé. «Aime-toi, sinon personne ne t'aimera!» est une de mes devises.

Ma mère travaillait tellement qu'elle ne se rendait pas compte de ma souffrance ni de mon inadaptation. Comme je ne lui confiais rien, elle ne soupçonnait pas ma détresse et elle ne pouvait pas m'aider. En définitive, j'ai fini par me débrouiller seule. À partir de sept ans, j'ai inversé le rapport de force entre mes gardiennes et moi. Je ne faisais que ce que je voulais, finies les règles et les consignes. Je mangeais uniquement ce qui me plaisait, du Kraft Dinner et des bonbons, devant la télévision.

Ma mère me manquait. Je lui téléphonais le soir, au restaurant où elle travaillait bien après minuit. Le matin, elle avait besoin de dormir. Mais je la réveillais quand même pour avoir de l'argent pour la cafétéria, puisqu'elle n'avait pas le temps de me préparer de lunch. Dans cette situation, bien des jeunes auraient pu mal tourner. J'ai été chanceuse. Je suis certaine que l'amour de ma mère m'a protégée.

À partir de la troisième année, l'exclusion que je vivais à l'école s'est accentuée. Je me battais, je mordais les autres, je parlais mal. Je me souviens qu'il y avait dans l'autobus scolaire des filles anglophones que j'insultais régulièrement. Elles avaient des amis amérindiens; ils m'attendaient alors en groupe à l'arrêt d'autobus. Pour m'en sortir, je demandais au chauffeur de me laisser devant chez moi et je courais à toutes jambes jusqu'à la maison. Au mieux, on me fuyait, au pire, on voulait se battre avec moi. Mais en dépit de ces crises de rage, j'étais prête à faire n'importe quoi pour qu'on m'aime.

J'ai également beaucoup couru après les garçons. Je cherchais par n'importe quel moyen à attirer leur attention... C'était par moments complètement inapproprié, mais je me rends bien compte maintenant que je cherchais surtout de l'affection. Bien entendu, mon comportement produisait l'effet inverse : ils fuyaient en se moquant de moi. Et les filles me regardaient de travers. J'étais à côté de la plaque.

> *Alors que les différences nous inquiètent, pourquoi ne pas les transformer en force pour nous mener plus loin dans nos échanges, le plus naturellement possible et partager notre authenticité en toute modestie !*
>
> **Albert Jacquard**

J'ai tiré des enseignements positifs de cette période de mon enfance. Pendant longtemps, néanmoins, j'ai fait tout ce qu'il fallait pour ne pas mériter d'être aimée, ou pour ne pas risquer d'être à nouveau rejetée ni abandonnée. Ces épreuves ont fait naître en moi un besoin d'exister plus grand que nature, une soif de vivre, une force sans borne et un vif désir créatif. Avec le temps, j'ai appris à aimer et même à revendiquer ma différence, qui est devenue ma marque de fabrique.

Pour en arriver là, j'ai travaillé sur les modèles affectifs et relationnels que j'entretenais depuis toute petite. Cela fait peu de temps, par exemple, que j'ai compris que mes relations amoureuses passées portaient l'empreinte de ce que j'avais vécu durant cette enfance singulière : la violence, la colère, la rage, la blessure d'abandon, un certain malaise vis-à-vis de ma féminité, le besoin d'être respectée associé à l'impression de ne pas l'être, la difficulté d'imposer mes limites. Comme bien des personnes au passé tourmenté, j'ai dû travailler sur moi pour me défaire des dysfonctionnements hérités de mon enfance.

Mais j'ai finalement réussi à changer de chemin. Nous pouvons tous le faire. Nous avons tous cette capacité d'accueillir à bras ouverts l'être exceptionnel qui sommeille en chacun de nous. Et c'est une grande aventure que de prendre le chemin de la découverte de soi. Même si ce n'est pas facile, même lorsque cela devient pénible, avec le temps et grâce au travail d'introspection, cela amène non seulement à développer une belle confiance en soi, mais à comprendre et à accepter les autres et soi-même. C'est exactement ça, ouvrir sa conscience et son cœur !

Différente et fière de l'être!

- Je suis une vraie rebelle. Je n'ai pas besoin d'afficher de signes extérieurs pour affirmer ma rébellion. Je la porte en moi, tout comme je porte un besoin de liberté totale.

  - Si ma liberté devait être restreinte ou empêchée, **je me battrais pour la récupérer**.

- **Je préfère vivre seule plutôt que de me soumettre ou de nier ma singularité et mes besoins.**

  - On peut perdre de précieuses années et beaucoup d'énergie à se demander pourquoi des choses difficiles arrivent à soi plutôt qu'aux autres. **Victime, plus jamais !**

- Pourquoi vouloir absolument rentrer dans une case, se plier aux normes ou faire comme les autres alors que nos différences et notre singularité constituent notre plus grande richesse ?

  - **En vivant sa différence comme un défaut de fabrication, on réduit son essence.**

• Je suis une femme intense et je ne m'empêcherai pas de l'être, parce que c'est une qualité ! Depuis que j'assume pleinement cette intensité et qu'elle s'extériorise de façon respectueuse, je ne suis plus mise à l'écart. On est souvent d'abord perçu par les autres en fonction de l'image que l'on se fait de soi-même.

• **Si la différence de quelqu'un vous dérange, demandez-vous pourquoi et vous en apprendrez beaucoup sur vous-même.**

singularité

Depuis que je suis toute petite, je rêve de jouer la comédie, d'être une grande actrice et de monter sur scène. J'ai d'ailleurs étudié en théâtre au secondaire comme au cégep. Même si c'est la musique qui a pris le plus de place dans ma carrière, mon cœur vibre encore et toujours pour le jeu.

Lors de ma quatrième secondaire, j'ai tenu le rôle principal dans la pièce de fin d'année, et j'ai adoré cette expérience. Je suivais déjà des cours privés, j'avais même participé à des camps de vacances de théâtre pendant l'été. Moi qui ne m'entendais avec personne, qui me sentais rejetée, j'avais enfin trouvé ma place, auprès d'autres artistes. Soudainement, je ne me sentais plus à côté de la plaque. Et le goût que j'avais pour le jeu était aussi fort que mon besoin de faire de nouvelles expériences et d'avoir des amis. Je pouvais enfin laisser libre cours au côté sauvage, différent, de ma personnalité.

C'est grâce à la discipline inculquée par mon père et sa femme – chez qui j'ai vécu deux ans pendant lesquels ma mère dirigeait son restaurant au Nouveau-Brunswick – que j'ai réussi à terminer mon secondaire avec des notes honorables. À la fin du secondaire a lieu, comme chacun le sait, le traditionnel bal des finissants, et de cette soirée, mémorable pour la plupart des étudiants, je garde un souvenir plutôt spécial.

Mon père, pour l'occasion, m'avait offert une bouteille de champagne à partager avec mes amies durant le trajet en limousine. Nous devions passer chercher une autre de nos amies, qui nous avait proposé de prendre un cocktail avant de nous rendre au bal. Nous avions seize ans et autant dire que nous n'avions pas l'habitude de boire de l'alcool, mais que nous étions bien impatientes de goûter au champagne! Nous avons naturellement décidé de boire cette bouteille avant le cocktail. Nous étions donc déjà saoules en arrivant. Puis, de nouveau dans la limo, en route vers le bal, nous avons fini le champagne, debout, la tête sortant du toit ouvrant, en riant et en faisant des *jokes*. Nous nous sommes finalement présentées au bal très en retard, après le souper organisé, mais juste à temps pour les photos de groupe. Je me tenais à un palmier du décor pour réussir à rester debout quand une fille s'est approchée de moi pour me demander : «Est-ce que tu viens poser pour la photo de toutes les filles qui portent la même robe?» Comment ça, la même robe? J'étais vexée, c'était le drame!

Ma mère avait acheté ma robe à la Plaza Saint-Hubert, «la» place où tout le monde se fournissait, si bien que dans l'album des finissants de cette année-là figure une photo de cinq filles portant la même robe. Mais je n'en fais pas partie. J'ai plutôt passé la soirée à pleurer dans les toilettes, j'étais une vraie *drama queen*!

Aujourd'hui, cette histoire nous fait rire aux larmes, ma mère et moi, mais ce soir-là, je ne l'ai pas trouvée drôle et j'ai refusé d'être sur la photo. Qui aimerait être habillé de la même façon qu'une autre fille? Alors cinq filles, c'est impensable!

Ce que je retiens de cette anecdote? Mon désir de singularité est finalement plus fort que mon besoin de me fondre dans la masse! Lorsque j'étais jeune, j'aurais donné n'importe quoi, comme tous ceux qui connaissent une enfance atypique, pour être pareille à tout le monde. Mais quand il a été question de l'être au point de porter la même robe que les autres, j'ai brutalement réagi. Pas question d'uniformité pour moi! Nous sommes toutes et tous uniques, et il vaut mieux miser sur cette singularité que de se plier au consensus. Avec les années, j'ai fini par admettre que c'était ma force, j'ai alors cessé de chercher à entrer dans une case, de vouloir être «normale».

Le bouddhisme considère que nos défauts sont un excès de nos qualités. Il s'agit alors pour les atténuer de mettre l'accent sur ce que nous avons d'unique. J'ai toujours pensé que je pouvais répandre le bien autour de moi, je l'ai souhaité de tout mon cœur, et j'ai toujours cherché à le faire. Mais que peut-on apporter à autrui si l'on ne met pas de l'avant sa spécificité? Cet épisode du bal des finissants m'a fait comprendre que j'étais tout simplement différente. Autrement dit, unique.

Lorsque j'ai fini par accepter ma singularité, je l'ai cultivée comme un atout prédominant. Il faut cultiver ses qualités comme des atouts aussi bien pour soi-même que pour les autres... en veillant toutefois à ne pas être excessif et à ne pas les convertir en défauts.

Il s'agit donc de trouver sa propre robe, avec sa couleur et sa spécificité irremplaçables. Somme toute, seules les singularités se partagent, car si nous étions tous identiques, nous n'aurions en fait rien à mettre en commun.

 J'ai suffisamment affronté mon sentiment d'incomplétude pour reconnaître qu'il ne disparaîtra pas en me fondant dans l'autre comme un sucre fond dans le café. Ayant appris cette vérité essentielle, je peux maintenant dire où je finis et où l'autre commence.

Elizabeth Gilbert

Si vous voulez que la vie vous sourie, apportez-lui d'abord votre bonne humeur.

Spinoza

sourire à la vie

L'école ne m'a jamais convenu. D'abord parce que je déteste rester assise et ensuite parce que j'avais de la difficulté à me concentrer sur ce que l'on m'y enseignait. Il existe pourtant bien d'autres méthodes d'éducation davantage créatives et inspirantes que celles traditionnellement en place dans les écoles. Je suis de nature curieuse, j'ai soif d'apprendre et de progresser. Je n'étais apparemment pas faite pour l'enseignement standard, mais plutôt pour apprendre à l'école de la vie. Je peux par exemple écouter quelqu'un pendant des heures si cette personne sait capter mon attention. Au cégep, il n'y avait que les cours d'art dramatique – avec des ateliers pratiques – et de psychologie qui me plaisaient. Dans les autres matières, je m'ennuyais à mourir. J'accumulais les mauvaises notes, ajoutant ainsi à ma réputation de rebelle. Il s'agissait alors pour moi de trouver une autre voie.

À la sortie de l'école, j'ai donc rapidement cherché à décrocher un travail et à gagner un peu d'argent. Je voulais entrer dans la vie professionnelle, être autonome et surtout libre. Ma mère m'avait donné sa Mustang 1980, blanche avec des lignes rouges. J'aimais cette voiture qui me permettait de quitter Châteauguay, où je vivais avec elle depuis son retour du Nouveau-Brunswick.

C'est par l'intermédiaire de l'une de mes amies mannequins que j'ai pu travailler au Globe, un restaurant hyper-branché de la rue Saint-Laurent, à Montréal. C'était l'endroit parfait où aller pour se faire voir et être vu. Les vedettes, américaines de passage comme locales, s'y retrouvaient souvent. C'était le temps où la Main était franchement à la mode. Mon amie et moi nous étions rendues à son agence, où la secrétaire nous avait appris qu'Angelo, l'un des propriétaires du Globe, cherchait des serveuses et qu'elle pourrait nous référer. Je ne connaissais rien à la restauration ni à la gastronomie, et encore moins au vin, mais peu m'importait, je voulais être là où ça se passait! Il fallait de l'audace et j'en fais preuve lorsque c'est nécessaire. Je savais non seulement que j'étais à la hauteur de la tâche, mais surtout que j'étais prête à apprendre et à travailler fort pour réussir.

En rencontrant Angelo au Globe, j'ai pu constater combien toutes les employées étaient de belles filles bien habillées. Il m'a proposé de me former le lundi suivant, et pour me préparer, il m'a demandé d'apprendre par cœur le menu et la carte des vins et de revenir maquillée et vêtue d'une jupe noire courte et d'une blouse – ce qui n'avait rien à voir avec mon style habituel.

Mes parents m'ont aidée chacun de leur côté, ma mère puisque c'était son métier, et mon père en m'enseignant les cépages. À l'époque, je savais à peine prononcer ce mot et je détestais le vin! Mon père m'a répété qu'il fallait que j'apprenne à aimer ça. J'ai révisé intensément pendant toute la fin de semaine, puis je me suis présentée le lundi au Globe, fin prête. Et j'ai été embauchée! Cet endroit a été déterminant dans ma vie, j'y ai noué des relations et des amitiés durables, dont la plus importante de toutes, celle avec Alessandro, grâce à qui je suis devenue chanteuse populaire, j'ai parcouru le monde et avec qui j'ai produit mes huit premiers albums.

C'est donc à dix-neuf ans, au Globe, que je suis sortie de l'ombre. On me regardait enfin, je n'étais plus celle que l'on tenait à l'écart. Et j'étais fière d'appartenir à la belle *gang* de serveuses talentueuses, intelligentes, compétentes et allumées. Le restaurant était magnifique. David McMillan, qui est aujourd'hui copropriétaire de plusieurs restaurants dont le célèbre Joe Beef, en était le chef à ce moment-là et sa réputation était déjà excellente. Il avait révolutionné la carte du restaurant, ce qui n'avait pas manqué d'attirer une clientèle de jet-setters. Le service devait donc être à la hauteur, en un mot, classe!

Tous les dimanches, Sébastien, le sommelier, m'initiait aux vins. Il m'en faisait goûter trois et m'aidait à développer mon odorat et mon palais. Quand je pense qu'à cette époque je ne buvais que du Coke et ne mangeais que de la *junk food*! Quand le chef nous informait qu'au menu du jour, il y avait un «osso buco sur lit de polenta avec sauce au porto et cerises noires, le tout accompagné de zucchinis», il n'y avait pas un seul mot là-dedans que je connaissais!

J'ai donc dû m'initier au monde des saveurs. J'ai découvert les herbes et les épices comme la citronnelle, la ciboulette, le basilic, la cardamome, la coriandre, le curry... Des heures de plaisir! Je posais un tas de questions, je voulais tout savoir, mais ce n'était pas rose tout le temps, car le chef m'avait pris en grippe et me testait continuellement. Il refusait de me donner le menu du jour, il me mettait sans cesse à l'épreuve et cherchait à briser mon enthousiasme. Mon côté rebelle m'a protégée de son hostilité, et en définitive c'est grâce à lui que j'ai progressé. En testant ma force, mon orgueil et surtout mon penchant pour les défis, il m'a permis de devenir une excellente serveuse. J'ai ainsi hérité de la meilleure section du restaurant, là où les vedettes et la clientèle huppée étaient installées.

Au Globe, il y avait un DJ. C'était un concept assez nouveau à Montréal, peu de restaurants l'offraient. Un soir où tout allait au mieux – la musique était bonne et mes clients, satisfaits de mes petites attentions, passaient une belle soirée –, Pierce Brosnan (alias James Bond!), au sommet de son charme, me complimente au passage : «*Excuse me, Miss, but you have the most beautiful smile I've never seen in my life! Now I want to understand what's making you so happy*[1].» J'étais là, tout simplement heureuse, je savourais ce moment de pur bonheur. C'est ce que je lui ai répondu, en ajoutant que je me sentais bien dans mon travail, à ma place. Il m'a regardée, étonné, et a fini par articuler un «*Oh my God*[2]!» Plus tard dans la soirée, on me signala qu'il avait laissé deux roses à mon intention, accompagnées d'une note : «*To the most beautiful smile*[3]...» Inutile de préciser comment je me sentais! C'est grâce à

---

1   «Excusez-moi mademoiselle, mais vous avez le plus beau sourire que j'aie jamais vu. J'aimerais savoir ce qui vous rend si heureuse. »
2   « Oh, mon Dieu »
3   « Pour le plus beau des sourires... »

James Bond que j'ai pris conscience du pouvoir de mon sourire. Et je ne l'ai plus jamais oublié.

Rencontrer des artistes et des stars de cinéma m'a rendue heureuse, ça me faisait rêver. Je rêvais que je serais un jour à leur place! J'étais très impressionnée, mais je gardais mon sang-froid, et ma simplicité fondamentale résistait parfaitement à mon côté groupie. Je ne l'ai jamais perdue. Mon sourire non plus.

> *Nous sous-estimons souvent le pouvoir d'un contact, d'un sourire, d'un mot gentil, d'une oreille attentive, d'un compliment sincère ou de la moindre attention; ils ont tous le pouvoir de changer une vie.*
>
> **Leo Buscaglia**

Dès que ma vocation artistique s'est révélée, j'ai foncé. J'ai usé de détermination, de persévérance, d'obstination pour réaliser mon rêve. J'étais absolument certaine que mon expérience au Globe marquerait ma vie. J'ignorais pourquoi et comment, mais j'en avais la conviction. Je mettais tout en œuvre pour réussir, en travaillant fort. C'est ce qui s'est produit à l'aube de mes vingt ans, lorsque j'ai rencontré Alessandro, qui a lancé ma carrière.

Le sourire de James Bond, je l'ai pris comme une récompense. Il ne cherchait rien en retour, il m'a offert un cadeau et ses paroles m'ont donné encore plus confiance en moi. Son attention, je l'ai reçue comme un encouragement qui me rassurait : «Lâche pas, continue à sourire!», en d'autres mots «Continue à y croire, ça va fonctionner.»

Je suis une autodidacte qui a concrétisé son rêve en le nourrissant chaque jour d'espoir et de gratitude, en y travaillant très fort, et avec le sourire!

Sourire pour s'affirmer.

Sourire pour afficher sa confiance en soi.

Sourire pour dire oui à la vie et aux autres.

Sourire pour s'encourager et encourager autrui.

Sourire pour désamorcer les tensions.

Et sourire pour dire merci aux cadeaux de la vie.

Quoi que tu rêves d'entreprendre, commence-le. L'audace a du génie, du pouvoir, de la magie.

Goethe

joie

J'ai toujours su que je voulais chanter et faire de la scène. Un souvenir fort me revient : j'ai douze ans, je suis à Châteauguay dans notre piscine, et je discute avec ma mère. Je lui explique que je veux devenir une chanteuse populaire, que je suis un caméléon capable de chanter n'importe quel type de répertoire. «Pourquoi», me demande-t-elle? Parce que je veux aider les gens et leur faire du bien, ce que je compte réaliser le plus rapidement possible pour ne pas me réveiller un matin dans quelques années en me disant : «J'aurais donc dû.»

Se prétendre artiste, c'est facile. Mais à partir du moment où l'on affirme en être un, il s'agit de l'assumer et de le prouver aux autres comme à soi. Nous sommes tous des créateurs, avec les questionnements et le doute que cela implique. Le doute fait partie intégrante du processus créateur. Il faut donc apprendre à se faire confiance. N'est-ce pas ce qui est le plus difficile, se faire confiance? Chez moi, le doute et le manque de confiance remontent à la surface à la première occasion. C'est la raison pour laquelle cette affirmation spontanée exprimée à douze ans me rassure. Ça me fait du bien de me souvenir que, très jeune déjà, je savais ce que je voulais faire : être une artiste pour faire du bien aux autres. Cela ne renvoie pas à une démarche narcissique, mais plutôt à un besoin profond de répandre de la joie autour de moi. J'ai vécu des épisodes difficiles, mais je suis une personne fondamentalement forte, optimiste, généreuse, pleine de vitalité et de joie.

Chanter rend joyeux! Écouter une chanson rend joyeux, même une chanson triste, parce qu'elle console. J'ai besoin de vivre dans la joie et de l'offrir autour de moi. Je chante pour répandre la joie et transmettre des émotions positives.

La joie est en tout ; il faut savoir l'extraire.
Confucius

> *On ne naît pas femme, on le devient.*
> Simone de Beauvoir

devenir femme

Lorsqu'on naît fille, il faut du temps pour devenir femme. Pour devenir celle qu'on cherche à être intérieurement.

Ce n'est qu'après être parvenue à me libérer des séquelles laissées par l'abus que j'avais subi dans mon enfance que j'ai pris conscience du malaise que j'éprouvais vis-à-vis de ma féminité. Cela peut paraître étonnant parce que ce n'est pas l'image que je projette. La nature a été plutôt généreuse, je suis une belle fille, mais moi seule sais comment j'ai vécu et travaillé ce rapport au féminin de l'intérieur. La féminité relève plus de l'intériorité que de l'apparence.

Afficher mon *sex-appeal* m'a toujours un peu gênée. Sans doute parce qu'inconsciemment j'avais peur d'attirer des hommes qui en abuseraient. Alors j'ai trouvé des parades. J'ai appris à être drôle, à raconter des *jokes* et à cultiver un côté *tomboy* pour me distancer de ma féminité, pour ne pas provoquer les hommes ni déranger les autres femmes.

À l'adolescence, j'ai traversé une période durant laquelle je ne m'aimais pas. Je me trouvais laide. À quinze ans, j'ai souffert d'anorexie puis, au début de la vingtaine, je suis tombée dans l'excès inverse, la boulimie. De nombreuses femmes vivent des épisodes similaires. C'est la preuve que nous ne sommes pas « naturellement » à l'aise avec notre corps, quel qu'il soit.
La relation au miroir n'est facile pour personne, et l'amour que l'on a pour soi et pour son corps est le fruit d'un apprentissage.

Longtemps, j'ai entretenu un rapport douloureux, malsain et autodestructeur avec mon corps. J'en ai souffert, et c'est d'ailleurs le premier sujet sur lequel j'ai travaillé lors de ma psychothérapie : apprendre à m'aimer, à m'apprécier telle que j'étais, à accepter ma féminité et à me faire respecter. Apprendre à cultiver l'amour et le respect de ma féminité a été vital pour me reconstruire.

J'ai l'impression que nous, les femmes, sommes d'emblée plus enclines à l'introspection, à nous interroger sur nos sentiments et ceux d'autrui, à décortiquer et à analyser les situations et les êtres, par-delà les apparences. Est-ce par essence? Est-ce la raison pour laquelle l'équilibre entre les hommes et les femmes est parfois si fragile?

Deux choses participent de la connaissance : le silence tranquille et l'intériorité.
Bouddha

Avec le temps, j'ai finalement appris à formuler mes besoins, mais aussi mes limites. Ainsi, je ne reste plus dans une relation amoureuse difficile ou malsaine par peur d'être seule. Cela a pris des années avant que je sois en mesure de poser ces limites et de mettre fin à une relation avant qu'elle ne se dégrade et que mon partenaire finisse par me quitter. Plus d'une décennie a donc été nécessaire pour que je répare cette image intime et pour que j'apprenne à me sécuriser sans attendre qu'un homme le fasse.

Ma mère m'a transmis une valeur essentielle : le respect. Dès le début de l'adolescence, elle m'a fourni des conseils et des principes pour m'aider à me structurer en tant que femme. Ils tiennent en quelques mots : savoir se respecter et se faire respecter. Dans un monde dominé par les hommes où, pendant des millénaires, les femmes n'ont pas eu droit à la parole, cette valeur me semble primordiale.

Ma mère me disait : « Toi, tu as une sensualité naturelle, tu as juste à être toi et tu es belle ainsi, pas besoin d'en rajouter. » Ses paroles me sont restées. J'ai vite intégré le fait qu'il n'était pas nécessaire de verser dans l'excès pour plaire ou séduire. Elle me répétait qu'une femme doit respecter son corps parce que c'est ainsi qu'elle conduit les hommes à le respecter.

Ceci étant, au plein cœur de mon adolescence particulièrement rebelle et excessive, cela ne m'a pas empêchée de traverser une période de violent désamour pour moi. Au fur et à mesure des années et des expériences, les paroles et les valeurs de ma mère me sont revenues. Aujourd'hui, je peux affirmer que je suis heureuse et fière d'être une femme.

Je suis pourtant attristée de constater combien les jeunes filles d'aujourd'hui semblent insécures et perdues. On dirait qu'elles ont constamment besoin de prouver leur beauté et leur valeur. Après tant d'années de lutte féministe, cela me semble tellement paradoxal ! L'hypersexualisation véhiculée par les médias, la publicité, les clips vidéo, et relayée sur les réseaux sociaux y contribue. On confond liberté sexuelle et sexualité à outrance. L'image de la femme-objet perdure malheureusement. Je ne veux ni la prôner ni la véhiculer. On n'a pas besoin de prendre des postures suggestives ni d'être à moitié nue pour incarner la beauté.

J'avoue, avec du recul, n'avoir pas toujours adhéré à certains des clips que j'ai tournés. J'ai parfois estimé que mon côté *sexy* était trop accentué, je me sentais en porte-à-faux. Depuis, j'ai appris à dire non. Et puisque j'ai pris les rênes de tous les aspects de ma carrière, ce genre de situation ne se reproduira plus. Je sais précisément quelle direction je souhaite prendre.

Quelques réflexions à propos du respect et du féminin

• Le respect de soi, l'estime de soi et le sentiment de sécurité ne sont pas innés. S'ils ont fait défaut lors de la petite enfance, ils seront à (re)construire à l'âge adulte, mais ne viendront jamais de l'extérieur, ni des parents, ni des relations amoureuses ou amicales. Il s'agira plutôt d'en faire l'acquisition par un travail sur soi. Et cela implique partage et réciprocité : demander le respect nécessite de respecter l'autre en retour.

• Une femme qui assume pleinement sa féminité tout en se respectant est nécessairement belle. Les filles doivent apprendre et comprendre qu'elles sont beaucoup plus qu'un simple corps ou qu'une posture *sexy*. Leur beauté s'incarne dans leur attitude et dans les choix qu'elles observent, sans compromis.

• On me dit souvent que je suis une belle fille, sensuelle, qui sourit et qui danse bien. Je suis consciente que je transmets ainsi un certain type de féminin. Il me semble donc important de préciser que cette féminité n'est pas innée. Je l'ai apprivoisée de façon à être en accord avec la femme que je suis et à l'assumer.

• Mes voyages à travers le monde entier m'ont permis de rencontrer des femmes différentes du modèle nord-américain. Je les ai écoutées, observées avec humilité et curiosité, et j'ai ressenti énormément d'admiration et de respect pour elles. Elles font preuve d'une grande capacité de résilience dans des modes de vie souvent difficiles. Elles ont une force intérieure spectaculaire.

N'oublions pas à quel point nous, femmes occidentales, sommes privilégiées de pouvoir faire nos propres choix. Rencontrer de par le monde des femmes qui n'ont pas cette chance me rappelle combien ma liberté est précieuse. Se respecter, c'est également reconnaître ce privilège.

> *Coulez avec les choses et laissez votre esprit bouger librement. Acceptez ce qui ne peut être évité et nourrissez ce qui est en vous : telle est votre essence.*
>
> Tchouang-Tseu

#moment de grâce

Nous étions en mars 2006. J'étais allée voir un concert de mon groupe préféré au Centre Bell, U2. Je suis une de leur plus grande *fan*! Après le spectacle, j'avais été invitée dans une fête où Bono était supposé se rendre. Je m'étais mis dans la tête de le rencontrer. Arrivée à la fête, toute nerveuse, j'étais décidée à lui parler.

À ce moment-là, j'étais aux prises avec des doutes et des questionnements. Mon deuxième album, *Pardonne-moi si je t'aime*, était sorti au mois de mars de l'année précédente. J'avais signé un contrat avec Guy Cloutier, qui promettait de faire de moi une vedette internationale et de conquérir le public français, mais l'histoire est ce qu'elle est et ces projets ne se sont pas concrétisés. Mon album n'avait pas non plus rencontré le succès escompté, ce qui m'avait beaucoup déstabilisée parce que j'avais moi-même écrit sinon coécrit la plupart des chansons. J'en avais donc conclu que le public n'adhérait pas vraiment à ces créations, plus personnelles et différentes de celles de mon premier album, sorti en 2002. Je pense encore aujourd'hui que cet album de création était pertinent et bien réalisé, mais sans doute le contexte et le moment n'étaient pas opportuns – c'est d'ailleurs souvent une triste réalité du milieu de la musique et des arts en général.

 Quelques mois plus tôt, j'avais également obtenu le rôle d'une chanteuse de jazz dans la télésérie *Casino*, concrétisant ainsi mon rêve d'être comédienne, tout en explorant un autre genre musical. La série devait être diffusée quelques semaines plus tard.

En mars 2006, donc, je me sentais perdue, j'étais à un point tournant de ma carrière, mais je ne savais pas vraiment quelle direction prendre. Je vivais une situation d'échec du point de vue de ma musique, et quant à ma carrière d'actrice, je nageais en plein syndrome de l'imposteur.

C'est dans cet état de fragilité que je me suis présentée à Bono grâce à une relation commune – un ingénieur du son avec lequel nous avions tous deux travaillé –, Richard Rainey. Bono m'a accueillie simplement, avec un grand sourire. «*So, what kind of music do you sing*[1]?» m'a-t-il demandé. J'ai bafouillé une réponse obscure : «*I'm in the... folk-rock-pop-electro-jazz...*» avec de gros points d'interrogation dans les yeux! Il m'a dévisagée, décontenancé. Évidemment, il y avait de quoi! J'avais l'air tellement confuse et nerveuse! Puis en guise d'excuse, j'ai ajouté : «*But you know what? I am looking for my essence*[2].»

---

1   « Alors, quel genre de musique chantes-tu ? »
2   « Mais tu sais quoi ? Je suis à la recherche de mon essence. »

Bono m'a observée pendant un moment, puis il a enlevé ses fameuses lunettes et m'a saisi les mains en déclarant : «*I am going to pray for you so that you find your essence*[3].» Ça m'a émue et m'a instantanément détendue. Nous nous sommes ensuite mis à discuter longuement de nos engagements humanitaires respectifs, le mien en tant que porte-parole d'Amnistie internationale, le sien auprès d'Oxfam, un organisme qui m'intéressait justement. Avant de partir, il m'a regardée dans les yeux en disant : «*God bless you*[4]*!*» Ce à quoi j'ai répondu : «*You know what, one day we're gonna sing together*[5].» Cette rencontre m'a profondément touchée. Bouleversée même.

Peu de temps après, je me suis rendue en Italie et, comme chaque fois que je suis dans ce pays, j'ai chanté pour mes amis, dans des restaurants, à l'improviste. On avait du *fun*, c'était magique. À la terrasse d'un restaurant, j'ai spontanément entonné *a capella* *La vie en rose* puis d'autres chansons populaires, et subitement, tout le restaurant est devenu silencieux, les clients s'étaient arrêtés de parler pour m'écouter. Après quoi le chef nous a offert notre repas. Tout s'était déroulé de façon très naturelle, je m'étais mise à chanter parce qu'on me le demandait et que j'en avais envie. Je me suis alors tournée vers Alessandro, mon manager et producteur à l'époque, et je lui ai déclaré : «Voilà ce que je veux faire. Je veux chanter de vieilles chansons, juste comme ça, comme on en chantait dans la rue après la guerre.» J'aime tout particulièrement cette période, et les artistes populaires comme Piaf ou Aznavour... C'est inexplicable, mais j'ai souvent eu la sensation que je n'étais pas née à la bonne époque, j'aurais voulu vivre à cette période-là. Dans ce restaurant italien achalandé, j'ai ressenti cet état d'esprit bohème. C'est ce désir spontané qui a

---

3   « Je vais prier pour que tu trouves ton essence. »
4   « Dieu te protège. »
5   « Tu sais quoi, un jour nous chanterons ensemble. »

donné naissance à mon album *Smile*, sorti en 2007, et qui a connu un grand succès.

J'ai alors repensé à ma conversation avec Bono, à sa disponibilité, à son écoute et à sa prière pour moi. Mon essence s'est révélée sur cette terrasse italienne, simplement parce que j'avais chanté ce que mon cœur m'imposait, ce qu'il me poussait à partager. Mon intention, simple, lumineuse, généreuse, s'exprimait dans un élan authentique. Je me sentais aussi portée par quelque chose de plus grand que moi. C'était la première fois que je prenais conscience de vivre ce que l'on nomme en anglais *a divine moment*, c'est-à-dire le moment exact pour faire ce qui doit être fait, en harmonie avec l'univers : un moment de grâce.

J'ai revu Bono après le premier des quatre concerts que donnait U2 à Montréal, en juin 2015. Je me trouvais à nouveau dans une période délicate de ma vie, en proie aux doutes et vivant différents deuils intérieurs. J'avais sorti *Love moi*, en 2014, un album de chansons originales et, là encore, la réception des médias et du public s'était avérée mitigée. Cela me renvoyait brutalement à mes interrogations et à mon inévitable syndrome de l'imposteur.

Jusqu'à présent, aucun de mes disques les plus personnels, ceux dont j'ai coécrit les chansons ou les mélodies, n'ont connu de succès. Pourtant, ma pratique de l'écriture n'est pas nouvelle. Alors pour l'instant, je mets cela de côté. Je suis sûre qu'un jour *the divine moment* se présentera, le moment de grâce où je chanterai mes propres textes et que ça fonctionnera.

Tous les créateurs se remettent en question, le doute fait partie intégrante du processus de création. Il s'agit donc d'apprendre à se faire confiance. En ce qui me concerne, la confiance n'est pas innée. Le manque de confiance en moi-même et envers les autres, en particulier vis-à-vis des hommes, reste une blessure vive, qui refait surface à la première occasion. Mais depuis peu, j'arrive à mieux composer avec mes doutes.

Lorsque j'ai revu Bono, en juin 2015, notre échange m'a de nouveau éclairée. Je lui ai rappelé notre conversation de 2006 en précisant que je cherchais toujours à me définir. «*About your essence, you don't have to look after it, it is already there, you just have to let it be*[6].» m'a-t-il répondu. J'étais estomaquée, c'était exactement ce que j'avais besoin d'entendre!

Un nouveau petit miracle s'est produit ce soir là. Au cours de cette conversation, j'ai été hypnotisée par un beau grand garçon au regard si bleu que je me suis perdue dans le fond de ses yeux. Il s'agissait d'Andy, le réalisateur du prochain album de U2. Ah! ça a été d'une telle fulgurance!

Ce qui est fou, c'est qu'un mois auparavant, lors d'une séance de «visualisation-manifestation» avec mon *coach* pendant laquelle je définissais ma «réalité idéale», j'avais déclaré que je souhaitais rencontrer un réalisateur avec qui je ferais mon prochain album. Exactement un mois plus tard, je rencontrai Andy. Et comme de raison, le coup de foudre a été réciproque.

---

6   «À propos de ton essence, tu n'as pas besoin de la chercher, tu as juste à la laisser être.»

Le lendemain, j'emmenai ce grand et bel Anglais sur ma Vespa rose pour visiter Montréal. Après quoi nous sommes allés pique-niquer dans le cimetière du Mont-Royal, qui est mon endroit préféré dans la ville. « Eh bien, c'est la première fois qu'une fille m'emmène dans un cimetière pour une *first date!* » m'a-t-il lancé, étonné. Je lui expliquais alors combien j'aime ce lieu calme et apaisant dans lequel je prends du temps pour moi, pour lire, pour contempler le paysage.

Nous avons passé l'après-midi à observer Montréal en écoutant de la musique, entre autres quelques nouvelles chansons du prochain album de U2. Puis il m'a raconté qu'il faisait partie d'un groupe britannique, Lamb, depuis vingt ans et a mentionné l'une de leurs chansons, *Gabriel*. Wow! C'était ma chanson préférée dans les années 2000, je la chantais tout le temps! Ça m'a renversée! Andy et moi sommes progressivement rentrés dans cette phase de fusion, cette période magique où l'on ne touche plus terre, tombant doucement amoureux en apprenant à nous connaître. Ajouté à cela le fait qu'il m'a annoncé qu'après avoir écouté certaines de mes chansons avec Simon, le meilleur ami de Bono, ils étaient prêts à m'écrire des chansons pour un prochain album qu'Andy réaliserait. Je croyais rêver!

Nous avons alors vécu une relation longue distance pendant quelques mois. Nous faisions à tour de rôle l'aller-retour entre Montréal et Brighton, une jolie petite ville située à une heure de Londres, où Andy habite. Durant cette période, nous avons écrit de magnifiques chansons ensemble, puis en septembre 2015, nous avons franchi un cap : je me suis installée chez lui pendant deux mois pour tester la vie à deux au quotidien. Je m'imaginais faire ma vie avec Andy et continuer de créer avec lui. Cette relation arrivait au moment opportun. Cela faisait un an que je vivais une période trouble de grande recherche et de détachement intérieurs.

Il s'est finalement avéré que la collaboration avec Andy et Simon n'était pas aussi fluide qu'escompté. Tout était compliqué, sinon difficile. Mes doutes, mes blessures, mon manque de confiance et d'estime de moi, mon fichu syndrome de l'imposteur ont ressurgi avec intensité. Même si j'ai suivi mon essence avec sincérité et authenticité et même si nous avons vécu une aventure incroyable, je suis brutalement redescendue de mon petit nuage.

Il y a un détail que j'aimerais ajouter : bien que je me sois rendue en Italie plusieurs dizaines de fois, j'avais toujours refusé d'aller à Venise parce que c'était une destination que je projetais de visiter avec « l'amour de ma vie ». Nous y sommes allés avec Andy. Ça a été affreusement décevant ! C'est peu de temps après cet épisode que j'ai décidé de le quitter et de rentrer à Montréal. C'était la première fois qu'en agissant ainsi, je me choisissais moi. Je ne m'en savais même pas capable ! Mais c'était la meilleure décision à prendre. Nous sommes restés en bons termes. Et des cinq chansons sur lesquelles nous avons travaillé, il y en a une qui me touche particulièrement. Il s'agit d'une chanson au piano. La mélodie a été composée par Andy et moi, et j'ai coécrit les paroles en anglais avec Simon. Je la garde en attendant le moment de grâce où elle se répandra providentiellement dans l'univers !

 Si vous traversez une période de brouillard, quoi qu'il arrive ne perdez pas espoir. Vous ne le voyez peut-être pas en ce moment, mais au loin, le ciel de votre vie a déjà commencé à s'éclaircir.

Nicole Bordeleau

Ce que je crois

- Nous voulons, espérons et projetons tant de choses. Si elles se réalisent, mais ne durent pas, il ne faut cependant jamais oublier qu'elles ont existé. J'évite de vivre dans une attente fébrile et exigeante de la réalisation de ce que je veux, sous prétexte que j'en ai besoin ou que je le mérite. Rien ne saurait justifier de telles attentes envers la vie, comme si nos souhaits nous étaient dus. Ne pas avoir d'attente, c'est essentiel. L'attente gâche tout. Il faut apprendre à apprécier ce qui est là, comme un cadeau.

- J'ai compris à ma manière ce que voulait dire Bono. Être dans son essence, c'est avoir de bonnes intentions, veiller à ce que l'on projette, agir avec amour, pour soi et pour les autres, et sincérité. Et si l'on se trompe, peu importe ! Au moins, il y aura eu quelque chose de vrai. Si l'on s'accomplit, en revanche, c'est un pur cadeau de la vie, et non le résultat d'une attente. **Un moment de grâce ne s'attend pas. Il se manifeste. Comme le bonheur.**

peine d'amour

Qui n'a pas déjà traversé une peine d'amour ? Je ne fais pas exception dans ce domaine ! J'ai vécu sept peines d'amour dans les quinze dernières années, mais j'en avais déjà connu d'autres auparavant. Une histoire d'amour qui s'achève ne s'efface jamais tout à fait. Souvent d'ailleurs, le bagage de ces anciennes expériences – le positif comme le négatif – nous donne des ressources nécessaires pour cheminer et apprendre de nos erreurs.

Croire que l'amour dure toujours est rassurant, mais la réalité est tout autre. C'est se mettre beaucoup de pression que de teinter ses expériences sentimentales de ce critère absolu . Si les attentes sont élevées, la déception n'en sera que plus grande. Une histoire d'amour, quelle que soit sa durée, nous enrichit, nous nourrit et nous inspire. Parfois, elle parvient même à se transformer en une autre forme d'amour, l'amitié. Quand c'est possible, c'est un cadeau de la vie. Bien sûr, il peut aussi s'avérer préférable sinon salutaire de couper définitivement les ponts avec son ex. Lors d'amours destructrices notamment, l'éloignement et la distance sont bien souvent le seul moyen de se reconstruire. Mais quelle que soit l'issue d'une relation amoureuse, il faut l'assumer et privilégier ce qui est bon pour soi.

Il reste qu'il s'agit de réussir à traverser cette période de vide intérieur, cet exil du cœur, qu'est la rupture. Ce n'est jamais évident et cela peut prendre du temps. Mon remède personnel peut paraître étonnant, mais il est redoutablement efficace! Quand je vis une peine d'amour, je regarde les six saisons de la mythique série *Sex and the City*! Lorsque je suis submergée de tristesse, je m'installe sur mon sofa ou dans mon lit et je regarde les épisodes les uns à la suite des autres. Aussitôt, la petite voix triste et négative qui m'obsède et me ronge le cœur se tait instantanément. Ça me fait un bien immense!

Je tâche aussi bien entendu de m'apaiser, de prendre soin de moi et de comprendre pourquoi la relation a échoué, mais dès qu'arrivent le soir et la pénombre et que le cafard revient, visionner cette série – que je connais maintenant par cœur! – a le don de me calmer, de mettre un baume sur ma peine. Et lorsque j'ai fini la série, ma peine d'amour s'est envolée (il faut du temps pour passer au travers des six saisons...). Comme par magie! Je ne sais pas très bien comment ni pourquoi, mais le rituel fonctionne chaque fois. Sans doute que cette série me ressemble : l'identification aux personnages me console tout en me permettant de prendre de la distance par rapport à ce que je vis. Après quoi je poursuis ma route. Jusqu'au prochain chagrin d'amour… À moins qu'il n'y en ait plus jamais, qui sait ? Peut-être n'aurais-je plus de raison de regarder les six saisons au complet ? Non, j'en suis tellement *fan* que je trouverai bien un nouveau prétexte !

L'amour… même quand on pense y avoir renoncé, il nous tombe dessus, nous stupéfie et nous électrise à nouveau. L'amour reste le plus extraordinaire des mystères. Et comme je l'ai déjà mentionné, l'amour triomphe de tout. Je ne cesserai jamais de le croire.

Ce que j'en retiens

- Être amoureux donne des ailes, mais c'est une expérience qui peut s'avérer éprouvante. L'amour nous confronte à nous-mêmes et à l'autre. On peut en retirer beaucoup si l'on est prêt à s'investir et à y faire face, mais on peut aussi décider d'y renoncer parce que ce n'est pas le bon moment ou parce que cela génère des émotions trop dures à vivre. L'expression « **chaque chose en son temps** » prend ici tout son sens.

- Éternelles ou passagères, nos amours laissent en nous des traces qui se révèlent utiles lorsqu'on est dans une démarche d'introspection et qu'on cherche à comprendre les causes et les enjeux de la relation. **Mieux on parviendra à les saisir, plus ce sera positif et constructif pour soi-même comme pour ses amours futures.**

- Que ce soit pour les bonnes ou les mauvaises raisons, les relations que nous vivons répondent à certains besoins. Qu'il en reste des fleurs ou des cendres, chaque relation nous apprend immanquablement quelque chose sur nous-même et sur l'autre. **Il s'agit d'en tirer une leçon qui puisse nous amener à développer des aptitudes pour nous aider à progresser.**

• Chaque personne avec qui l'on a cheminé a eu accès, ne serait-ce que partiellement, à une partie de notre intimité. Si cette personne demeure présente dans notre vie, son amitié pourra alors s'avérer précieuse.

• Regarder la série *Sex and the City* m'aide à traverser mes peines d'amour. À chacun son remède. Pour vous, ce sera autre chose. Cherchez ce qui vous console, ce qui vous soulage et qui vous inspire dans les moments de doute ou de grande tristesse. La joie est le remède idéal à toute forme de souffrance.

femmes et hommes

J'aime les femmes qui :

• grâce à leurs combats, à leurs actions, à leur lucidité, à leur tendresse aussi, protègent et font progresser l'humanité.

• se respectent.

• ont confiance en elles. C'est le vrai *girl power* !

• sont humbles, surtout lorsqu'elles sont belles, intelligentes et qu'elles ont réussi. Ce n'est pas tant la réussite qui me fait craquer, mais l'humilité qui l'accompagne. Le fait de garder une posture d'apprentie face à la vie, ni superficielle, ni exagérément candide.

• qui ne se prennent pas trop au sérieux. L'arrogance ou l'art de complexifier des situations simples ne sont pas les meilleurs moyens de se faire respecter.

- sont capables de se lâcher «lousse». Je suis une fille de *party*, j'adore faire la fête avec mes copines. Comme je suis assez sérieuse et que je travaille énormément, j'ai besoin de relâcher la pression avec une bonne dose d'adrénaline et de folie. C'est ma façon d'atteindre l'équilibre.

J'aime les hommes qui :

- possèdent une belle ouverture d'esprit et de cœur.

- sont cultivés, aiment parler et entretiennent des conversations intéressantes.

- ont traversé des épreuves et ont su développer une certaine sagesse.

- font preuve d'écoute, d'attention et de soutien émotif.

- n'ont pas peur de leur propre sensibilité, sont capables de parler des «vraies affaires» sans redouter d'avoir l'air faibles.

- ont le sens de l'humour. C'est une qualité indispensable!

- reconnaissent la valeur de la femme, sa place maîtresse au sein de l'univers et sa dimension sacrée de porteuse de vie et d'avenir.

- ne font pas l'éloge de l'égalité des sexes. Les femmes et les hommes sont évidemment égaux en droits. Je fais référence ici au principe d'égalité dans la relation de couple. Dans une situation donnée, il y en a un qui domine, puis le rapport de force s'inverse et c'est l'autre qui prend le dessus. Selon moi, la relation s'équilibre ainsi en permanence, en fonction des caractéristiques propres à chacun. C'est de cette manière que mes relations de couple ont fonctionné et c'est ce qui me convient le mieux.

Et j'adore les gentlemen !

Pour une relation harmonieuse et respectueuse entre les femmes et les hommes, je prône l'équilibre entre les complémentarités plutôt que la stricte égalité.

> *Ne confondez pas égalité et uniformité.*
>
> Swami Prajñanpada

Je suis profondément heureuse d'être une femme. Mais cela n'a pas toujours été le cas. J'ai par moment entretenu des rapports difficiles avec mon corps et avec mon image. Je crois être désormais parvenue à un certain point de conscience et d'amour de soi : j'ai pleinement confiance en ma féminité d'une part, et en moi-même, en tant que femme, d'autre part.

D'ailleurs, le titre de mon dernier album reflète ce cheminement. L'appellation *Femme*, au singulier, est une affirmation de ma féminité tout assumée. Femme, c'est ce que je suis devenue et ce titre se veut aussi un hommage à toutes les femmes.

On ne fait pas pousser une fleur en tirant sur sa tige, alors peu importe le temps que cela prendra, on peut devenir la femme que l'on a toujours voulu être. Cette proposition est aussi valable pour les hommes.

Seul celui-là nous aime auprès duquel on peut se montrer faible sans provoquer la force.

Theodor W. Adorno

enfants

Nous sommes avant tout des êtres spirituels. Et en tant qu'êtres humains, nous expérimentons des situations qui nous font ressentir toute une gamme d'émotions aux teintes variées, tantôt colorées, tantôt noires sinon blanches... On voudrait parfois pouvoir effacer certaines expériences vécues, mais les regrets n'amènent rien de bon alors mieux vaut cultiver le pardon et l'acceptation, qui eux seuls aident à guérir les cœurs meurtris.

J'ai avorté à l'âge de quinze ans. De mon premier vrai amoureux. J'avais bien vécu des amourettes auparavant, mais il s'agissait là de ma première histoire sérieuse. Il n'était cependant pas question pour nous d'avoir un enfant. Même si je me percevais comme plutôt mûre, en réalité j'étais très loin d'avoir la maturité nécessaire pour devenir maman. Je n'étais encore qu'une enfant.

Ma mère a paniqué quand elle a appris que j'étais enceinte, mais elle m'a accueillie à bras ouverts. Et c'est mon père qui m'a aidée à gérer la situation. Mes parents m'ont toujours accompagnée dans mes choix, même les plus difficiles. Quelques années plus tard, je suis de nouveau tombée enceinte... alors que je prenais la pilule. Cette fois encore, j'ai décidé d'interrompre ma grossesse. Ça m'a brisé le cœur car je voulais des enfants, mais j'étais encore trop jeune pour assumer ce changement de vie.

La situation a été autrement plus difficile à traverser lorsque j'ai fait une fausse couche, en 2011. J'étais en couple. Nous avions, mon amoureux et moi, le désir d'être ensemble longtemps et de fonder une famille. Je voulais absolument cet enfant. J'ai commencé à saigner alors que j'étais en pleine session photo pour un album. J'ai instantanément compris que j'étais en train de perdre le bébé. J'ai voulu croire que si je serrais les jambes très, très fort, le sang arrêterait de couler et la vie resterait dans mon ventre. Ça ne s'est pas passé comme ça, bien entendu. Les mois suivants ont été très difficiles et notre couple a fini par se défaire. Il y a peu de temps que j'ai réussi à faire la paix avec cet épisode éprouvant.

Je veux des enfants. J'ai envie d'être maman. Me marier et fonder une famille font partie des événements essentiels que j'aimerais concrétiser si la vie le veut. Je préférerais élever mes enfants avec leur père. Je ne souhaite pas passer par ce que ma mère a vécu, même si je ne juge évidemment pas ses choix. Mais j'attends le bon moment et surtout j'espère trouver l'homme qui souhaitera être un papa présent et attentif.

Il y a quinze ans, j'ai entrepris une démarche de prise de conscience et de guérison. Je nourrissais des blessures, des doutes, de la colère et j'éprouvais de l'aversion pour moi-même, qui étaient autant de freins à mon bonheur. À présent que ce travail personnel est accompli et que j'ai fait un grand ménage psychologique, je me sens prête à donner la vie sans risquer de léguer mes souffrances et mes peurs à mes futurs enfants.

La vie n'est pas parfaite, pas plus que ne le sont les êtres humains. Peu d'enfants grandissent dans des conditions idéales, mais il m'apparaissait indispensable de cheminer, pour que la vie de mes enfants à venir soit plus saine et équilibrée. En d'autres mots, j'ai cherché à balayer devant ma porte pour que les suivants en aient moins à ramasser. J'ai projeté ces rêves dans l'univers et à la grâce de la Vie. Comme le raconte la chanson *Que Sera, Sera*...

J'ai hâte d'être maman.

#amitié

Je suis une amie fidèle. Depuis l'adolescence, je cultive des amitiés profondes avec des personnes aux tempéraments très différents et qui parfois vivent à l'autre bout du monde. Il y a certaines de mes amies que je ne vois que rarement, mais ni le temps ni la distance n'altèrent notre lien profond. L'amitié constitue une base fondamentale à mon équilibre puisque j'en ai manqué dans mon enfance. J'aurais été capable de tout pour partager cette complicité et cette compréhension inconditionnelle. Je constate souvent que le degré d'exigence en matière d'amitié est plus élevé qu'il ne l'est en amour. Et il est vrai que je donne beaucoup à mes amis et que j'en attends autant en retour. J'aime faire la fête et je fréquente des gens qui sont sur la même longueur d'onde que moi : fous et portés à s'éclater... Mais je suis aussi une fille de tête-à-tête, de confidences, qui fait preuve d'écoute et qui accorde son soutien, alors je reste disponible, à toute heure du jour ou de la nuit, pour prêter une oreille attentive à un ami ou une amie qui en a besoin.

Les termes qui définissent ma vision de l'amitié :

- Inconditionnelle
- Fidèle
- Soutien sur tous les plans (affectif, moral, spirituel)
- Partage
- Secours
- Générosité
- Encouragement
- Durable
- Reconnaissance
- Confiance
- Et bien sûr *FUN* !

Les relations d'amitié sont puissantes, apaisantes, aussi fortes sinon plus que celles d'amour. Il y a des joies que procure l'amitié qui sont aussi essentielles que celles issues de l'amour, et des chagrins aussi terrassants que les peines de cœur. Et des amours qui ne se construisent pas d'abord sur la base d'une amitié mutuelle ne me semblent pas pouvoir évoluer sainement à long terme. Un beau mariage qui dure, par exemple, repose nécessairement sur une profonde amitié. D'ailleurs, je tiens, dès que cela est possible, à rester amie avec mes ex-amoureux. On connaît l'expression «Restons amis!» prononcée bien souvent machinalement lors d'une rupture amoureuse, mais, pour y parvenir encore faut-il d'abord avoir été amis auparavant.

Quand je pense au mot «ami», c'est le visage de Sébastien qui me vient à l'esprit, même près de vingt ans après sa mort.

J'avais dix-neuf ans et lui vingt-sept lorsque nous nous sommes rencontrés au restaurant Globe à l'été 1997. C'est lui qui m'a tout appris du milieu de la restauration et qui m'a aidée à développer mon goût pour le vin et mes connaissances en la matière. C'était un excellent sommelier, et nous sommes rapidement devenus amis et complices. Je le considérais comme mon frère. Mais en décembre 1998, l'impensable s'est produit : le diagnostic de cancer est tombé. Et la maladie l'a emporté cinq mois plus tard. Sa mort m'est rentrée dedans comme un bulldozer!

Sébastien avait l'habitude de me dire : «Il est tellement chanceux, Alessandro, que tu sois amoureuse de lui!» Ce n'est qu'avec le recul, bien des années après sa mort, que j'ai finalement compris que Sébastien était amoureux de moi.

Au moment de sa disparition, j'avais déjà vécu le deuil de ma grand-mère maternelle, dont j'étais très proche. Cela m'avait beaucoup affectée, mais la mort d'une grand-mère reste acceptable, car c'est dans l'ordre des choses. La mort de Sébastien, lui qui qui était si jeune, m'a bouleversée.

Il est parti le 18 mai 1999, alors que je me trouvais à Monaco avec Alessandro. C'était une semaine après mon vingt et unième anniversaire. Nous devions rentrer le surlendemain à Montréal. Avec tout ce qui se passait de positif dans ma vie à cette période, j'avais l'impression de naître une seconde fois, alors qu'au même moment Sébastien nous quittait. Lors de ses funérailles, j'ai fait la lecture de *Desiderata*, le magnifique poème de Max Ehrmann, qu'il m'avait offert quelques mois auparavant et qui figure plus bas. J'étais effondrée, je ne m'étais pas attendue à ce qu'il parte si vite, je me sentais coupable parce que je n'avais pas été là pour lui lors de ses derniers instants de vie. Et pourtant, je savais qu'il n'avait pas affronté la mort seul, parce que sa mère était à ses côtés.

Peu de temps après, Alessandro et moi nous sommes rendus au chalet de son père. Nous étions à bord d'une chaloupe, en train de pêcher, mais mes pensées étaient essentiellement tournées vers le souvenir de Sébastien. J'étais inconsolable. Soudain, un papillon s'est posé sur mon pouce : j'y ai vu un signe. Et j'ai immédiatement ressenti sa présence dans mon cœur. Le papillon est resté là pendant plus d'une heure. C'était comme si Sébastien était venu me faire ses adieux. J'ai ressenti une grande paix. J'ai pleuré, mais de soulagement cette fois. J'ai depuis associé le symbole du papillon à celui de la renaissance, alors je m'en suis fait tatouer un, en mémoire de Sébastien. Depuis cet épisode, j'appréhende plus sereinement l'idée de la mort. Et je parle souvent à Sébastien, qui est devenu l'un de mes anges gardiens.

Tout ce que Sébastien cherchait à me transmettre est résumé dans le poème *Desiderata* qu'il m'a offert le 11 novembre 1998, quelques semaines avant que le diagnostic de cancer ne soit prononcé. Je l'ai encadré et je le relis régulièrement. Écrit en 1927, il reste pourtant d'une saisissante actualité, et je ne peux que m'identifier au message qu'il véhicule. Je suis heureuse de le partager avec vous et je souhaite qu'il vous inspire autant qu'il m'inspire.

Va, reste calme au milieu du bruit et de l'impatience et souviens-toi de la paix qui découle du silence.

Si tu le peux, mais sans renoncement, sois en bons termes avec tout le monde. Dis ce que tu penses, clairement, simplement ; et écoute les autres, même les sots et les ignorants, car eux aussi ont quelque chose à dire.

Évite les gens grossiers et violents car ils ne sont que tourments pour l'esprit. Si tu te compares aux autres, tu pourrais devenir vaniteux ou amer ; mais sache qu'ici-bas, il y aura toujours quelqu'un de plus grand ou de plus petit que toi.

Sois fier de ce que tu as fait et de ce que tu veux faire. Aime ton métier, même s'il est humble ; c'est un bien précieux en notre époque troublée. Sois prudent dans le monde des affaires, car on pourrait te jouer de vilains tours.

Mais que ceci ne te rende pas aveugle ; bien des gens luttent pour un idéal et partout sur la terre on meurt pour ce que l'on croit.

Sois toi-même, surtout dans tes affections.

Fuis le cynisme en amour, car il est un signe de sécheresse du cœur et de désenchantement.

Que l'âge t'apporte la sagesse et te donne la joie d'avoir des jeunes autour de toi. Sois fort pour faire face aux malheurs de la vie.

Mais ne te détruis pas avec ton imagination ; bien des peurs prennent naissance dans la fatigue et la solitude. Et, malgré la discipline que tu t'imposes, sois bon envers toi-même.

Tu es un enfant de l'univers, tout comme les arbres et les étoiles et tu as le droit d'être ici ; et même si cela n'est pas clair en toi, tu dois être sûr que tout se passe dans l'univers comme c'est écrit.

Par conséquent, [...] sois en paix avec ton âme. Dis-toi qu'en dépit de ses faussetés, de ses ingratitudes, de ses rêves brisés, le monde est tout de même merveilleux.

Sois prudent et tâche d'être heureux. [1]

Il faut prendre soin de nos amis. Ils sont un don précieux et fragile.

---

1 Traduction du poème *Desiderata*, rédigé en 1927 par Max Ehrmann, mais réputé à tort avoir été trouvé dans l'église dite du Vieux St-Paul, à Baltimore.

> *Le destin n'est pas une chaîne mais un envol.*
>
> Alessandro Baricco

#destin

Est-ce que je crois au destin ? Absolument ! Je crois à la fois que tout est écrit et que nous traçons nous-mêmes le parcours de nos vies. Je crois à une sorte de plan divin. Nous choisissons en effet de tourner à droite ou à gauche, mais grâce à une sorte de guide immatériel. Il me plaît de penser que nous sommes cocréateurs de nos vies, qu'il s'agit d'un travail d'équipe entre une énergie divine et nous. J'ai l'impression d'avoir suivi à la fois mon destin et celui que j'avais moi-même façonné, et j'en suis fière.

Créer, c'est aussi donner une forme à son destin.

Camus

intentions

Faut-il rêver sa vie pour qu'elle devienne réalité? Ça, j'en suis certaine! Je crois en effet que si l'on centre notre attention, notre énergie et notre persévérance sur un souhait ou sur un objectif et qu'on travaille très fort pour l'atteindre, il peut devenir réalité. Cela fonctionne plus ou moins bien en raison de notre propre résistance – au sens où l'on empêche soi-même l'action de façon inconsciente, ce que l'on définit comme de l'autosabotage –, et il faut parfois s'y prendre à plusieurs reprises avant d'obtenir le résultat escompté. Mais ce que l'on projette de concrétiser, ce pour quoi l'on agit précisément et volontairement peut vraiment advenir. Donc oui, si nous rêvons notre vie, nous la créons. J'en suis convaincue. Je crois profondément en la magie de la vie. Et je crois en tellement de dimensions plus vastes que notre simple réalité terrestre que, selon moi, les rêves se réalisent immanquablement un jour ou l'autre, d'une façon ou d'une autre. Cela me rappelle d'ailleurs l'histoire des deux loups, la connaissez-vous ?

Les deux loups en nous

Assis près d'un feu de camp, fumant sa pipe, un vieux chef indien voulait apprendre à son petit-fils ce qu'est la vie :

— Un combat a lieu tous les jours en moi, un combat terrible entre deux loups. Le premier est mauvais : il est regret, tristesse et solitude, fermeture, avidité, arrogance, suspicion, apitoiement sur soi, distance, colère, envie, culpabilité, ressentiment, égoïsme, complexes, mensonges, vanité... Le second est bon : il est paix, joie, amour, chaleur, douceur, espoir, confiance, bienveillance, générosité, vérité, simplicité, bonté et attention, prévenance... Ce même combat a lieu en toi-même comme en tout le monde.

Le petit-fils réfléchit pendant un moment puis demanda avec toute sa candeur d'enfant :

— Quel sera le loup qui vaincra ?

Le vieux chef indien répondit simplement :

— Celui que tu nourris !

Je suis attachée à ce en quoi je crois et je reste attentive à mes perceptions. Si je ne suis pas convaincue que je suis heureuse ou que je mérite d'être aimée, je ne serai jamais ni heureuse ni aimée. Et je serai amenée à vivre des situations de rejet, de déception et à nourrir la certitude d'être malheureuse tant que je n'aurai pas formulé la bonne intention.

Je fais donc particulièrement attention à mes intentions. Tous les matins, je médite, je visualise ma journée et je prie. Chaque matin, qu'il pleuve, qu'il vente ou qu'il neige. Cette méditation matinale s'accompagne de l'expérience de la gratitude. Je dis merci pour les attentions, les cadeaux quotidiens que j'ai reçus. La méditation, la prière et l'expression de la gratitude peuvent prendre bien des formes, chacun doit trouver la sienne. Mes parents sont croyants, mais ils pratiquent peu les rites catholiques et ils sont, comme moi, ouverts à d'autres courants de pensée. Quand je me questionne, je cherche des réponses à partir de différentes traditions ou cultures, à travers diverses formes de foi. Mon horizon spirituel est vaste et ne peut être circonscrit par une seule religion ou philosophie. La méditation du matin est essentielle, elle m'est devenue indispensable parce qu'elle est ma connexion avec le divin. Elle dure une vingtaine de minutes. Parfois, je la vis dans le calme, parfois, ça brasse! Et plus j'accepte ces «vagues», plus elles s'apaisent. J'en sors *groundée* pour la journée.

Le silence est aux bruits ce que l'ombre est à la lumière, ou le sommeil à la veille : une autre face indispensable.

Christophe André

Ce que j'ai appris

Les intentions que l'on formule deviennent réalité, qu'elles soient positives ou négatives. Je l'ai expérimenté à de nombreuses reprises. Certains pourront penser que c'est le fruit du hasard, mais je crois profondément que les intentions clairement exprimées, lorsqu'elles sont conjuguées à l'exercice de la prière, de la gratitude, du lâcher-prise, à la confiance en laquelle la vie fait merveilleusement bien les choses et, bien sûr, à beaucoup de travail sur soi, se réalisent.

Savoir dire merci est aussi important que de savoir dire je veux. La gratitude est un outil à intégrer chaque jour car les raisons de remercier au quotidien sont multiples. Il suffit d'ouvrir les yeux et de tendre l'oreille. La gratitude est, avec l'amour et la joie, la plus haute des vibrations.

> *« Lorsque vous vous levez le matin, pensez à quel privilège il est précieux d'être en vie, de respirer, de penser, d'aimer. »*
>
> Marc Aurèle

#gratitude

Sans cesse nous exigeons des choses de nous-mêmes, des autres et de la vie, et nous mettons beaucoup d'énergie pour les obtenir. Moi, je suis une fille travaillante et persévérante, optimiste aussi, généreuse et courageuse. J'ai traversé des périodes difficiles et j'ai trouvé les ressources intérieures pour passer au travers et poursuivre le chemin. Je prie tous les matins, peu importe si la prière ne produit pas immédiatement son effet, elle reste puissante et, à un moment donné, elle fonctionne. Mais on ne peut pas juste demander, exiger, poursuivre des objectifs et relever des défis, accomplir des choses et remporter des succès. Il faut aussi savoir dire merci. Merci pour ce que l'on reçoit, ce qu'on a reçu, ce que l'on a réalisé. Tout ce que l'on a obtenu, tout ce que l'on obtient n'est pas un dû, même si c'est le résultat d'un accomplissement. On peut être content de soi, fier de sa réussite, et en même temps ressentir de la gratitude pour les différents cadeaux de la vie.

Gracias a la vida que me ha dado tanto... je l'ai chanté en espagnol et chaque jour je le pense et je le dis en français, je pourrais bien le dire dans toutes les langues : merci à la vie qui m'a tant donné. La gratitude reste essentielle. C'est la plus belle des attitudes à cultiver, et je n'oublie jamais de remercier, matin après matin.

Et puis, il y a toutes ces périodes difficiles, et même dramatiques, que nous connaissons tous et que nous traversons toutes et tous, du mieux que nous le pouvons. Témoigner de la gratitude est encore plus important dans ces moments-là. Dire merci quand tout va bien, c'est facile, nous y sommes spontanément enclins. Pourtant, c'est lorsque ça va mal qu'il est primordial de se souvenir de tout le bon et le beau que l'on a reçus dans l'existence, de faire le compte de nos forces et de nos atouts, de se concentrer sur le verre plein plutôt que sur le verre vide, et de se sentir reconnaissant pour tout cela. La gratitude est une manière aussi positive qu'efficace de reprendre des forces et du courage pour se retrousser les manches et venir à bout des phases difficiles.

La gratitude est l'un de mes principes de vie. Je l'expérimente chaque jour et je ne cesse de m'émerveiller de ses effets d'ouverture, de consolation, de guérison et de transformation. D'espoir aussi, car la gratitude nous rappelle qu'il faut avoir confiance dans la vie, avec ses hauts et ses bas.

#ombre et lumière

J'ai un côté très pop, au sens de populaire, grand public. J'aime les chansons et les films populaires, les activités de monsieur et madame Tout-le-monde. Lorsque je souris, je sais que je dégage de la lumière, tout comme quand je ris; j'aime m'amuser, être avec les autres et échanger avec eux.

Ceci dit, j'ai aussi un côté marginal, plus obscur, que je garde secret. Cette part d'ombre est à ce point attirante que je me suis déjà demandé si je ne devrais pas plutôt suivre cette voie. Mais j'ai choisi de montrer mon côté lumineux. Et ma quête de lumière et de clarté est si active que mon côté sombre doit être sacrément développé! C'est une part de moi que j'affiche rarement en public. Je crois cependant que, sans ombre, il n'y a pas de possibilité de création, que l'ombre alimente toute part créative. Sans elle, je n'aurais certainement pas non plus emprunté le cheminement spirituel que je suis. On va vers la lumière à partir de l'ombre, et non l'inverse.

J'ai beaucoup d'amis artistes «flyés», per-formeurs, revendicateurs, qui organisent des manifestations osées ou déroutantes dans différents domaines artistiques. J'adore leur audace, leur engagement, leur côté insoumis. J'adore ça, vraiment! Et je les respecte. Je me sens en phase avec l'expression de leurs convictions et de leurs choix. Contrairement à moi, ils ont choisi de révéler leur côté *under-ground*, leur part d'ombre. Pourtant, il existe entre nous une complicité fondamentale. Ils m'inspirent et m'ouvrent la voie vers d'autres horizons. Je me nourris de ce qu'ils font. Mais ce n'est pas ce que j'ai choisi de faire, et ces amis respectent mes propres orientations artistiques.

Je me suis parfois questionnée sur mon côté populaire. Je me dévalorisais parce que j'avais choisi d'être une artiste pop. Avais-je opté, comme beaucoup le pensent, pour la facilité? Ne devrais-je pas plutôt travailler un registre plus pointu, même si cela devait toucher un public plus restreint?

Et puis, récemment, un déclic s'est produit en moi. J'ai admis que ce n'est pas parce que je chante de la pop que je ne suis pas digne de respect. J'ai ainsi cessé de me juger. Qui peut vraiment décider de ce qui est *cool* et de ce qui est quétaine? Ça n'a aucun sens de tout compartimenter selon des critères aussi subjectifs. Quel que soit son genre de créa-tion, grand public ou non, les seuls critères qui vaillent sont la sincérité et l'exigence de qualité. Aujourd'hui, je m'affirme pop, c'est un choix conscient, voulu et assumé. Je suis pop parce que ça correspond profondément à la personne que je suis. Ce n'est pas une faiblesse ni un choix par défaut. Cela cor-respond à ce que j'ai profondément envie de créer et à l'image que j'ai choisie de projeter, tournée vers la lumière plutôt que vers l'ombre.

La lumière, c'est ainsi que je désigne l'espace issu de la création. Tout vient toujours d'abord de l'intérieur, de l'obscurité, des profondeurs, et c'est ensuite que l'on décide de porter le tout vers la lumière ou de choisir l'ombre. Ce que je crée vient d'une sensibilité secrète, sans doute beaucoup plus marginale que ce que l'on pourrait croire de prime abord, mais j'ai choisi de rendre mon expression artistique accessible et ouverte au plus grand nombre. À présent que j'assume ce choix, je suis enfin en paix avec mon orientation artistique.

En faisant scintiller notre lumière, nous offrons aux autres la possibilité d'en faire autant.

Nelson Mandela

La lumière est un choix. On choisit de la remplacer à l'ombre. Et comme le dit si bien Leonard Cohen : « Il y a une faille dans toute chose ; c'est par là qu'entre la lumière. » En apprenant à aimer nos faiblesses et nos blessures, nous pouvons plus facilement exprimer notre vérité.

vérité

Enfant, j'ai longtemps été un secret bien gardé. Mon existence a été révélée à la famille de mon père lorsque j'ai eu huit ans, mais la liaison entre mes parents est restée cachée jusqu'à ce que mon père divorce et officialise la relation qu'il entretenait avec ma mère depuis des années. Je sais donc de quoi je parle quand j'affirme que ce n'est pas évident de vivre dans le mensonge, ni même dans le demi-mensonge ou la demi-vérité.

À l'école primaire, j'étais une menteuse invétérée, mais j'ai vite réalisé que cela n'amenait rien de bon. Notamment parce que je me faisais prendre tout le temps !

Je comprends l'adage selon lequel toute vérité n'est pas bonne à dire. Certaines personnes croient en effet sincèrement qu'il vaut parfois mieux mentir par omission, pour épargner l'autre et

ne pas le blesser. Mais lorsqu'on est dans sa vérité, celle qu'on exprime avec respect et amour, on aide les autres à atteindre la leur. Et c'est tellement plus sain et salvateur de vivre les «vraies affaires» que de se mentir à soi-même.

Ce n'est certes pas facile d'être dans sa vérité. On est avant tout des êtres humains, faillibles et imparfaits; on fait souvent du mieux qu'on peut. Et ce n'est parfois pas suffisant. J'ai expérimenté les deux côtés de la médaille : mensonge et vérité. Et j'ai choisi la vérité, ma vérité. Que cela plaise ou non. Cette acceptation a été libératrice.

 Plutôt que l'amour, l'argent, la gloire, donnez-moi la vérité.
Henry David Thoreau

> *Nous ne voyageons pas pour échapper à la vie mais pour que la vie ne nous échappe pas.*
>
> Anonyme

voyager

Enfant, lorsqu'on me demandait ce que je voulais faire quand je serais grande, je répondais invariablement : «Voyager!» Le voyage était en tête de liste, juste avant «être chanteuse» et «fonder une famille».

C'est essentiel pour moi et je voyage au moins trois fois par année. J'essaie de tenir la promesse que je me suis faite de découvrir chaque année un endroit inconnu, tel que le recommande le dalaï-lama : «Une fois par an, allez quelque part où vous n'êtes jamais allé auparavant, découvrez un paysage que vos yeux n'ont pas encore vu.»

Jusqu'à l'âge de dix-huit ans, je passais mes étés et le temps des fêtes au Nouveau-Brunswick, dans ma famille maternelle. À l'adolescence, j'allais avec mon père et sa famille au bord de la mer, à Wildwood, en Virginie (États-Unis). J'aime la mer, encore aujourd'hui, j'ai besoin de la contempler et d'entendre son ressac pour me ressourcer pleinement.

Alessandro a été l'initiateur des premiers grands voyages de ma vie. Je l'ai rencontré lorsque j'avais vingt ans. Comme il était à la fois mon amoureux, mon manager, mon producteur et mon associé – dans la maison de production que nous avons fondée ensemble –, nous avons commencé à voyager énormément, aussi bien pour des raisons personnelles que professionnelles. Il m'a ouverte au monde. C'est d'ailleurs lors de notre premier voyage à Toronto, en 1999, pendant le trajet en voiture, que j'ai décidé de mon nom d'artiste, Ima. C'est à ce moment-là que Marie-Andrée est devenue Ima. Comme une révélation.

J'ai par la suite découvert avec lui l'Italie, la France, l'Espagne, l'Égypte, le Japon, la Malaisie, la Thaïlande... Après notre séparation amoureuse, en 2003, j'ai continué de voyager, seule ou avec des amis. J'avais constamment envie d'aller me promener, de voir le monde. En 2008, à l'âge de trente ans, j'ai fait mon premier pèlerinage sur le chemin de Compostelle, après avoir vu Marcel Lebœuf raconter à l'émission *Tout le monde en parle* comment son pèlerinage vers Compostelle l'avait transformé. Son témoignage m'a inspirée, je ressentais le besoin de faire l'expérience d'un parcours initiatique, mais je n'étais pas encore prête à vivre une retraite, de yoga par exemple (ce que j'ai fait plus tard). C'est à partir de ce moment que mon approche du voyage a changé. Après avoir parcouru trois fois le chemin de Compostelle, je me suis sentie mûre pour «rencontrer» Bali. J'y suis allée quatre fois en cinq ans.

> *Un voyage, c'est une folie qui nous possède, nous emporte dans le mythe.*
>
> **Sylvain Tesson**

Il me reste encore beaucoup de lieux à découvrir. D'ici là, voici par ordre de préférence les pays ou les villes qui composent ma carte idéale du monde :

• **L'Italie** est le pays de mon cœur. J'y suis allée vingt-huit fois! Passion, intensité, saveurs, senteurs, plaisirs assurés. La règle d'or y est la qualité plutôt que la quantité même si celle-ci va de pair, car tout y est bon. La langue italienne est comme une chanson. Je parle déjà plusieurs langues, mais quand j'ai appris l'italien, j'ai eu l'impression d'avoir saisi une dimension supplémentaire de l'existence. C'était comme si je revenais chez moi. Mes lieux préférés en Italie sont Sorrente, Positano, Amalfi, Venise, la Toscane et la côte adriatique.

• J'aime **l'Espagne** pour le côté à la fois libertin et réservé des Espagnols. J'adore leur nonchalance et leur regard intense! On sait y profiter de la vie, on sort et on mange tard. Et où qu'on soit, le charme opère, à chaque moment, même si aucune région ne ressemble à une autre. Mes lieux préférés sont l'Andalousie, avec Grenade et Séville, la Costa de la Luz, Barcelone, Madrid, et pour des raisons différentes, San Sebastián et... le chemin de Compostelle bien sûr! Tout est magique sur le chemin espagnol, en particulier la Galice!

- **Bali** incarne le mélange parfait entre les éléments essentiels à mon équilibre : la mer, la nature luxuriante, l'omniprésence du sacré, et le fait de bien manger, une nourriture à la fois saine et goûteuse. Cette île de l'océan Indien a de multiples facettes et renferme encore beaucoup d'endroits restés sauvages. C'est un lieu de profond ressourcement pour moi. À Bali, je prends soin de moi, je fais du bien à mon corps et à mon âme. La première fois que j'y suis allée, en 2011, ça m'a complètement sortie de ma zone de confort, notamment parce que je voulais faire du surf mais que je redoutais les requins et les lames de fond ! J'ai finalement affronté mes peurs et j'ai adoré mon expérience. J'ai appris à me débrouiller et à apprivoiser l'inconnu, ce que je trouve maintenant grisant. J'y suis retournée quelques mois plus tard puis, en rentrant à Montréal, j'ai vécu une douloureuse séparation... Le temps a fait son œuvre et le désir de me ressourcer de nouveau à Bali s'est fait sentir. Mon troisième séjour sur l'île des Dieux, durant l'hiver 2015-2016, était magique ! J'y ai vécu une sorte de renaissance qui a révolutionné tout mon univers, et depuis j'espère y retourner bientôt...

- **Paris** est ma ville préférée. À Paris, on se croit sans cesse dans un film de Claude Lelouch. Je ne peux jamais m'en éloigner trop longtemps et j'y fais régulièrement escale. En revanche, je connais mal le reste de la France, et j'ai très hâte de le découvrir. Seul défaut de Paris, il y a beaucoup de Parisiens... C'est une *joke*, quoique...

- Je ne m'attendais pas à ce que **l'Angleterre** soit un tel coup de cœur mais je suis tombée sous le charme de ce pays et de l'esprit anglais. Je m'y sens encore plus proche de mes origines (acadienne, anglaise et française). Les Anglais sont *cool*, ouverts et tellement aimables. Londres est une ville incroyable, avec une énergie indéfinissable. J'aime beaucoup Brighton également, cette jolie petite ville de bord de mer à la vivacité contagieuse.

- **La Turquie** est un éblouissement! On y perçoit l'influence de l'histoire et de toutes les civilisations qui s'y sont croisées. Son architecture est grandiose. Istanbul est incomparable, à la fois tentaculaire et intime, avec ses différents quartiers et son mode de vie de proximité, grâce à ses nombreux cafés et marchés fort achalandés. Sur le Bosphore, je me suis sentie au cœur de l'histoire du monde, à la frontière entre l'Orient et l'Occident, entre les deux rives qui ont façonné l'humanité. Et le pays est immense, spectaculaire. Les Turcs sont à la fois sérieux et réservés, mais savent se montrer exubérants!

> - **Pour la Grèce**, sa capitale, Athènes, et ses sites archéologiques, la vie sensuelle et vibrante du quotidien, les îles, la mer Égée… je n'ai qu'un mot : magnifique !

- J'ai découvert **le Maroc** en participant au rallye Cap Fémina. Les villes et les villages y sont de toute beauté, mais c'est le désert, surtout, que j'ai adoré. J'aime les déserts. J'ai besoin de la paix incommensurable qui s'en dégage et que l'on ne trouve nulle part ailleurs. J'en connais d'autres, en Afghanistan, à Dubaï, mais le désert marocain est particulier. Il est généreux, fascinant, quasi hospitalier. Notamment grâce aux Berbères, qui sont si accueillants. Les Marocains aussi sont atypiques, à mi-chemin entre les tempéraments africain et arabe. Et la musique tient une place prépondérante dans la culture de ce pays.

> - **L'Égypte** m'a totalement envoûtée. Ce pays singulier exerce sur moi une fascination presque mystique. Pour moi, c'est le Mystère avec une majuscule.

• Mon voyage au **Costa Rica** a été une autre belle surprise. La nature y est luxuriante, exaltante. J'aime également le mode de vie relax, bohème même, des Costaricains et des nombreux étrangers qui y ont refait leur vie. J'ai pris là-bas toute la mesure de l'expression *mañana mañana* (remettre à plus tard : au lendemain ou à une date non définie), et il est très facile de s'adonner au farniente.

• **L'Argentine** est selon moi un heureux amalgame entre ce que l'Espagne et l'Italie ont de mieux, avec un esprit rebelle et matriarcal typique de l'Amérique latine. Une pure ivresse m'a traversée dans chaque lieu que j'ai visité. Il s'agissait tantôt d'une pulsion d'énergie incroyable, tantôt d'une sérénité enveloppante. C'est un pays inspirant, où que l'on se trouve, au bord de la mer ou à la montagne. Et la nourriture et le vin y sont excellents. Sans oublier la mode, l'élégance innée des femmes et des hommes. Et bien sûr, il y a le tango, je ne connais pas de danse plus langoureuse !

• **Le Pérou** est un autre incontournable de l'Amérique latine. Les Péruviens vivent de rien, mais sourient tout le temps, observent les touristes avec bienveillance et se montrent généreux et attentionnés. Ce pays est également teinté de spiritualité. J'ai connu des expériences mystiques sur le Machu Picchu. Et lors de mon voyage humanitaire avec la belle *gang* du Club des petits déjeuners, en 2006, j'ai vécu d'intenses émotions. Cette aventure s'est révélée une belle leçon d'humilité qui m'a fait prendre conscience du fait que chaque seconde sur Terre est précieuse. Chacun devrait faire l'expérience de l'aide humanitaire au moins une fois dans sa vie. Exactement le genre de voyage que je souhaite refaire ! Ça fait tellement de bien de donner aux autres.

> • Il y a ceux qui adorent **le Japon** et ceux qui le détestent. Là-bas, on a l'impression d'être sur une autre planète. J'y ai totalement perdu mes repères. Même l'air m'a semblé différent, laiteux. La beauté y est omniprésente et prend parfois des formes inattendues. L'état d'esprit japonais est original, impénétrable, impressionnant ! Il y a cependant beaucoup de règles à observer et c'est parfois dérangeant. De plus, les échanges et les rencontres restent difficiles avec les Japonais. Mais quand ça clique et qu'ils se sentent en confiance, c'est, encore une fois, magique ! Lorsque je suis à l'étranger, j'aime discuter avec la population locale, en apprendre sur son quotidien, sur ses us et coutumes, ses croyances et sa philosophie de vie. C'est à mon humble avis la meilleure école pour découvrir une autre culture.

• **Les États-Unis** sont à ce point vastes qu'il est difficile d'en dresser un portrait global. J'en ai visité de nombreux endroits. New York reste une ville unique, incomparable. Je pourrais y retourner mille fois sans m'en lasser. Miami aussi, pour participer à de grandes *fiestas* avec mes copines ! De la côte californienne, je retiens l'ouverture d'esprit de ses habitants, leur caractère *peace & love* qui en agace certains et que j'adore. Cependant, la mentalité de « maîtres du monde » de la plupart des Américains est plutôt insupportable. Comment peut-on encore croire qu'un pays ou un peuple puisse être supérieur à un autre ? Le voyage permet justement la découverte de l'autre, il apprend à rester humble et à relativiser.

Il y a encore tellement d'autres pays que j'aime, comme les îles Vierges, la Malaisie, la Thaïlande, le Mexique... Notre planète est vraiment magnifique. On manque malheureusement de temps dans une seule vie pour la parcourir au complet!

Il reste que ma maison est à **Montréal**. J'aime autant la quitter qu'y revenir, pour retrouver ma ville, mon appartement et mes affaires.

Il n'y a qu'en voyageant que l'on apprend sur soi, sur son propre pays et sur ses origines. Mais le voyage peut aussi être intérieur... Fermer les yeux et s'imaginer où l'on veut... C'est extraordinaire, ça aussi!

> *Le plus grand voyageur est celui qui a su faire une fois le tour de lui-même.*
>
> **Confucius**

Qu'est-ce que mes voyages m'ont appris sur nous, les Québécois? Nous avons une belle ouverture d'esprit, nous sommes candides et simples, dans le meilleur sens des termes. Notre richesse réside entre autres dans la place que nous savons faire aux autres. Et notre chaleur humaine est notre force principale. Il faut selon moi que Montréal s'ouvre davantage au reste du monde. C'est important que nous nous placions sur la «mappe». Nous avons tellement de potentiel! Il s'agit d'en être conscients et de le développer. Tout comme il est important que nous prenions soin de nos valeurs afin de préserver notre liberté et notre intégrité.

Les voyages forment la jeunesse, dit-on. Ils m'ont construite et donné accès à une autre dimension de l'existence. Pour cela aussi, je remercie la vie.

> *Il vaut mieux ne pas faire le voyage que s'arrêter en chemin.*
>
> Michel Polac

détachement

J'ai parcouru le chemin de Compostelle trois fois, en 2008, 2009 et 2010, en suivant ce qu'on appelle le *camino francés*. Il existe en effet plusieurs itinéraires pour faire le pèlerinage. J'ai choisi la route qui chemine à l'intérieur des terres, plutôt que le *camino del norte*, qui longe la côte atlantique de l'Espagne.

Le mot qui résume à lui seul cette expérience est «détachement». La raison pour laquelle le chemin de Compostelle est spectaculaire, c'est qu'il est représentatif de la vie. Ce que l'on y apprend est personnel et donc subjectif, mais peut s'appliquer à toutes les aspects de l'existence. On ne peut pas faire Compostelle, si l'on n'apprend pas à se détacher du superficiel et à ne viser que l'essentiel.

Se pose d'abord le problème du baluchon que l'on transporte sur son dos. Un symbole fort qui est d'ailleurs très bien montré dans

Wild, le récit de Cheryl Strayed adapté au cinéma par Jean-Marc Vallée, qui relate la randonnée de l'auteure le long du Pacific Crest Trail. Sur le chemin de Compostelle ou ailleurs, il faut apprendre à organiser son sac à dos pour qu'il soit le plus léger possible, ce qui renvoie à l'idée de voyager léger dans la vie. Ensuite, on ne sait jamais où l'on va dormir. On peut le planifier, mais il est rare que cela fonctionne exactement comme on l'avait prévu. On s'organise plutôt au jour le jour, en perdant le repère important que représente l'attachement à un lieu fixe. Puis, on marche, seul la majeure partie du temps, confronté à l'environnement extérieur et, surtout, à son propre espace intérieur. On rencontre d'autres pèlerins, mais sans jamais savoir si on va les revoir. On se retrouve seul quand on n'a pas forcément envie de l'être, ou bien à l'inverse, on marche avec quelqu'un le jour où l'on préférerait ne pas avoir à parler.

Pas après pas, sans que l'on s'en rende compte s'impose alors la notion et la nécessité de détachement. De ne pas nourrir d'attentes. D'être souple et adaptable. Cela finit par nous défaire des modes de fonctionnement et des codes comportementaux auxquels nous sommes habitués au quotidien, auxquels nous nous accrochons avec la certitude de ne pouvoir fonctionner autrement. C'est une forme de remise en question de nos comportements les plus ancrés dans notre mode de vie occidental. On s'en détache en s'apercevant qu'il s'agit plus d'habitudes que de véritables nécessités.

Chacun a sa raison pour entreprendre le chemin de Compostelle. La mienne était de me rendre à la destination que je m'étais fixée, car je n'ai pas fait le chemin jusqu'à Saint-Jacques-de-Compostelle en une seule fois, mais en trois étapes, étalées sur trois années. Lors de mon premier pèlerinage, j'avais prévu onze jours de marche. Il me fallait donc parcourir trente kilomètres par jour, soit marcher huit heures d'affilée sans déroger à cette règle si je voulais atteindre mon objectif. J'avais déterminé une date d'arrivée et je m'y suis tenue, ce n'était pas par esprit de compétition, mais pour relever le défi que je m'étais fixé. Cette première randonnée a ainsi confirmé ma quête de spiritualité et la volonté d'en faire une priorité.

La deuxième étape, en 2009, s'est avérée déterminante. Deux semaines avant de partir pour reprendre mon pèlerinage vers Saint-Jacques-de-Compostelle, j'ai eu un grave accident de voiture à New York, mais dont je suis sortie indemne. Ma voiture était pourtant complètement détruite. Niant l'état de choc dans lequel j'étais, je me suis tout de même rendue au point de départ à partir duquel je reprenais le chemin vers Compostelle et j'ai commencé à marcher seule. C'est là que la panique, liée à mon état de stress post-traumatique, m'a envahie. J'étais incapable de gérer l'angoisse qui me vrillait le ventre et m'empêchait quasiment de fonctionner. J'ai appelé mes parents plusieurs fois à tour de rôle jusqu'à ce que mon père me dise fermement que je n'avais pas besoin de m'obstiner : je n'avais qu'à prendre un avion et rentrer à Montréal. Quant à ma mère, elle proposait même de venir me chercher ! Leurs propos ont finalement réussi à me calmer. Et je me suis à ce moment-là donné pour seul objectif de poursuivre la route jusqu'au lendemain et de décider chaque jour d'arrêter mon parcours ou non, en fonction de mon état émotif.

> *Ce qui sauve, c'est de faire un pas.*
> *Encore un pas.*
> **Antoine de Saint-Exupéry**

L e lendemain, après avoir marché une quarantaine de kilomètres, j'ai rencontré des Hongroises dans un petit village. Il n'y avait plus aucun endroit où dormir et il était hors de question que je marche encore une autre dizaine de kilomètres. J'étais épuisée et l'angoisse m'envahissait de nouveau. J'étais sur le point de décider d'abandonner quand un couple a proposé de nous héberger. Ils nous ont accueillies, nous ont préparé à manger, nous ont rassurées. Il y avait des cœurs partout dans la maison! Couchée dans mon lit, avant de tomber de fatigue, j'ai soudain compris ce que cette situation m'enseignait : la vie ne nous abandonne pas. Jamais! Et c'est quand on est perdu, qu'on a peur, qu'on doute, qu'on doit lâcher prise et faire confiance. Ce message a résonné très fort en moi et il prend encore sens, des années après. C'est ainsi que j'ai décidé de poursuivre mon chemin.

En cours de route, on arrive fatalement devant une montagne. C'est décourageant. En tout cas, pour moi, ça l'a été à plusieurs reprises. J'ai commencé par me dire que je n'y arriverai pas, et pourquoi cette montagne, et comment traverser cet obstacle, et est-ce que tous ces efforts en valaient vraiment la peine? Et le comble, c'est qu'à deux reprises, une voiture s'est arrêtée pour me proposer de monter à bord. Ç'aurait été tellement facile! Mais justement, ce n'était pas une option. J'ai rechigné, protesté, versé quelques larmes, puis me suis calmée, j'ai médité un peu, écouté de la musique, et j'ai marché un pas à la fois pour gravir la fameuse montagne. Extrêmement fière de moi. Heureuse! Me rendant compte que j'étais davantage capable que ce que je croyais, et mesurant que cette ascension en valait la peine, parce que la vue d'en haut était fabuleuse. Bien sûr, j'y ai vu une métaphore des épreuves de l'existence et de ma capacité à les surmonter. Ça a décuplé mon énergie et ma détermination à continuer. J'en ai retenu que, tout comme la montagne, les épreuves se traversent un pas à la fois, en regroupant ses forces et sans chercher à regarder le sommet, c'est-à-dire le résultat. Et un jour, on parvient au bout de l'épreuve, encore plus solide et résistant qu'on l'était avant.

> *Sur le Chemin, comme dans la vie, la sagesse n'a de valeur que si elle peut aider l'homme à vaincre un obstacle.*
>
> Paulo Coelho

Je me souviens d'une autre étape mémorable. En m'efforçant de maintenir un rythme entre trente-cinq et quarante-cinq kilomètres de marche par jour, je m'étais blessée au genou. Je boitais et j'ai été obligée de m'arrêter une journée entière dans un village. J'étais dans un café lorsqu'est arrivé un homme que j'avais croisé en chemin auparavant. Quand je lui ai avoué à quel rythme je marchais, il m'a lancé cette phrase pleine de sagesse : «Mais Ima, tu vas trop vite, tu ne prends pas le temps de regarder les fleurs sur le bord du chemin.» Il m'a demandé ensuite ce que j'avais appris de ma blessure au genou. Voyant que je ne comprenais pas le sens de sa question, il a simplement ajouté qu'il s'agissait que je prenne mon temps. Et c'est vrai que je vais vite, toujours, je suis impatiente, je roule vite et j'ai de l'énergie à revendre! Mais à vivre ainsi, je risque de passer à côté de beaucoup, sans même m'en rendre compte. Je me suis remise en route le lendemain et j'ai suivi son conseil : j'ai pris mon temps. Je n'avais pas le choix, d'une certaine façon, puisque mon genou m'empêchait d'avancer à ma cadence habituelle. Mais j'ai tenté d'intégrer cette leçon... Même si je ne suis pas devenue patiente pour autant, je ralentis maintenant régulièrement le rythme. Je prends le temps de regarder les fleurs sur mon chemin.

La veille de l'arrivée à Compostelle, il est de tradition de s'arrêter dans l'un des villages précédents, de prendre une douche, de manger et de dormir. Le lendemain, les pèlerins parcourent alors les derniers kilomètres jusqu'à la cathédrale de Compostelle, où est donnée une messe lors de laquelle est remis à chacun ce qu'on appelle la *Compostela,* qui consacre le pèlerinage. Ce jour-là, la brume recouvrait la ville et je ne lui trouvais finalement rien d'extraordinaire, après un si long cheminement. Ma déception était partagée par les autres pèlerins qui m'entouraient. Mais c'est exactement ça! Vous pouvez marcher pendant des centaines de kilomètres, vous perdre, pleurer, vous blesser, vous décourager, prendre le temps ou non, paniquer, reprendre confiance, marcher encore et encore, méditer en chemin, rencontrer des personnes formidables, et pour autant être déçu par l'objectif atteint! Eh bien non, justement, ce n'est pas de ça qu'il s'agit. L'objectif n'est pas la destination. L'objectif, c'est le chemin lui-même. Mais je crois qu'il faut toute une vie pour intégrer pleinement ce concept.

J'ai compris cela lors de mon troisième pèlerinage, en 2010. J'avais le talon blessé et mon pansement s'est arraché en emportant tout un morceau de peau. Aïe! Je souffrais le martyr. On me suggérait de prendre l'autobus jusqu'à l'étape suivante, mais je ne pouvais m'y résoudre. J'ai donc marché en endurant la souffrance, pendant vingt kilomètres. J'y suis parvenue. Lentement. En me répétant sans cesse, comme un mantra, que la douleur n'était qu'une illusion – même si elle ne l'était pas tout à fait! Quand je suis arrivée à destination, une infirmière m'a soignée. Et j'ai compris, non pas que la douleur est une illusion, mais que dans de nombreuses situations, le mental est plus fort que le physique. Cette fois-là, sur le chemin, j'ai appris la détermination, la persévérance et le dépassement de soi.

Ces trois expériences sur le chemin de Compostelle ont renforcé ma quête spirituelle. Elles m'ont permis de prendre conscience du fait que j'étais capable de surmonter n'importe quelle épreuve! Et que je n'avais pas à craindre la solitude. On n'est jamais tout à fait seul après tout.

humanisme

Dès le début de ma carrière, je me suis engagée dans des causes humanitaires. À commencer par Amnistie internationale, organisation pour laquelle je suis devenue la porte-parole de la campagne Imagine, en 2002. J'ai ensuite soutenu, entre autres, les Œuvres du cardinal Léger, pour lesquelles j'ai été porte-parole de l'opération Recours des sans-abri pendant plusieurs années. Je suis particulièrement touchée par l'injustice sociale et les disparités des conditions de vie. À travers le monde entier règnent la pauvreté, la faim, la peur, le manque de soins. Partout, des femmes, des enfants et des hommes sont maltraités et souffrent, ou encore vivent et meurent sans dignité. Comme l'a écrit le dramaturge Plaute en 212 avant J.-C., «l'homme est un loup pour l'homme»; peu de choses ont changé depuis.

J'aimerais tellement que les êtres humains arrivent à s'entendre et que chacun de nous fasse preuve de plus de compassion. C'est la raison pour laquelle je donne un petit coup de pouce dès que je le peux. J'ai par exemple coécrit la chanson *Tu n'es pas seule*, suite au voyage bouleversant que j'avais fait à Kaboul. Je cherchais à rendre hommage aux femmes afghanes.

Tu n'es pas seule

Sous le feu brûlant du désert

À l'aube d'une nouvelle vie

Tu cherches à fuir cette guerre

Qui t'a regardée grandir et devenir

Cette femme emprisonnée

Derrière ce voile taché d'ignorance

Ton regard brille du désir d'être libre

[...]

Pour toute âme qui souffre en silence

Ton cri est celui de la délivrance

Seule dans la douleur

Il y en a d'autres qui souffrent ailleurs

Tu n'es pas seule dans la douleur

Il y en a d'autres qui souffrent ailleurs

Tu n'es pas seule

Tu n'es pas seule

Un jour viendra

Où tu pourras vivre sans peur

Dans un ailleurs

Et tu seras enfin libre

Enfin libre

On ne peut se contenter de se lamenter sur l'état du monde, sur le triste sort des femmes, des réfugiés, des démunis ou des enfants. Il s'agit de passer à l'action et de faire sa part. Ce ne sont pas les occasions qui manquent! Les grandes comme les petites. Il y a tant à faire, tant de problèmes à résoudre. En tant qu'artiste, je crois qu'il est de ma responsabilité de faire naître l'espoir ou de le raviver et de l'entretenir auprès du plus grand nombre. C'est ma manière de contribuer au bien commun et de partager les cadeaux que la vie m'a donnés.

On peut bien dire de moi que je suis utopiste, mais je continuerai sans cesse de nourrir l'espoir qu'un jour le monde vibre à l'unisson. Agissons ensemble, avec amour, pour défendre les droits humains fondamentaux. Ensemble, nous pouvons créer un monde meilleur. Les droits et les libertés de nombreux êtres humains sont sans arrêt bafoués. Imaginons que les organisations d'aide humanitaire comme Amnistie internationale, Oxfam, Reporters sans frontières, Médecins sans frontières, Médecins du Monde, PEN International, Human Rights Watch, Care, Unicef, Action contre la faim, etc., n'existent pas. Ce serait encore pire!

> *On ne fonde en soi l'être dont on se réclame que par des actes. Un Être n'est pas de l'empire du langage, mais de celui des actes. Notre Humanisme ne peut négliger les actes.*
>
> **Antoine de Saint-Exupéry**

J'ai également participé à plusieurs voyages humanitaires, entre autres au Pérou, avec le Club des petits déjeuners, en 2006, ou encore au rallye automobile Cap Fémina Aventure, en 2015, la «petite sœur» du rallye Aïcha des Gazelles du Maroc, qui a lieu dans le désert, au milieu des villages berbères et des dunes. Pendant dix jours, j'ai vécu une fabuleuse aventure avec ma meilleure amie, Caroline, qui était ma copilote. Il y avait soixante-deux équipes en tout. Chaque matin, nous partions tôt et roulions pendant la journée entière pour atteindre notre but, équipées simplement d'une boussole et d'un plan de route. L'équipe gagnante était celle qui arrivait à chaque étape en parcourant un minimum de kilomètres.

Je ne suis pas de nature peureuse et j'aime beaucoup la compétition et le dépassement de soi, mais je dois admettre que cette course m'a sortie de ma zone de confort et m'a permis de relever de nombreux défis. Ce rallye associait mon goût inné pour l'aventure, la conduite, la découverte d'un pays et d'une culture, mais aussi mon engagement, puisqu'il soutenait la cause de l'association Cœur de gazelles. Et à chacune des étapes, nous avons eu la chance de rencontrer des communautés où les femmes nous faisaient découvrir leur métier et venaient en aide à d'autres femmes de divers milieux. Ces rencontres étaient magiques.

Avant le grand départ, nous avons suivi des cours de pilotage et de mécanique, ne serait-ce que pour pouvoir changer une roue en plein désert en cas de besoin et pour faire les vérifications d'usage matin et soir. Ce fut très intense, entre autres à cause de la chaleur, de la fatigue, du rythme soutenu et de l'endurance que cela nécessitait, mais on a eu beaucoup de plaisir.

Les cent vingt-quatre participantes venaient de France, de Suisse et du Canada. Chaque fois qu'une équipe franchissait une nouvelle balise, elle récoltait de l'argent pour l'organisation caritative de son choix. Cette année-là, c'était pour financer la campagne «Nourrir son enfant», soutenue par l'Œuvre Léger. Nous avons aussi contribué à l'aménagement et à la rénovation de l'école d'un petit village, près du désert de Merzouga. Cela a été une magnifique aventure humaine et je suis prête à recommencer n'importe quand, que ce soit pour cette cause-là ou pour n'importe quelle autre que je soutiens.

Ce que je crois

- J'estime faire partie d'un grand tout auquel nous appartenons tous. Chacun de nous porte en lui l'Humanité, et l'Humanité nous contient tous.

- Chacun de nous peut faire un geste, à sa façon, à sa mesure et selon ses moyens, pour le bien commun. Les artistes ont selon moi une responsabilité supplémentaire, non seulement vis-à-vis de leur public, mais aussi vis-à-vis de l'humanité en général

L'art de la réussite consiste à savoir s'entourer des meilleurs.

John F. Kennedy

professeurs et coachs de vie

« *Sometimes, you can't make it on your own.* »
« Parfois, tu ne peux pas y arriver seul. »

Cette phrase, qui est aussi le titre d'une des chansons de mon groupe fétiche, U2, m'a marquée! Je ne suis pas de nature solitaire, mais j'ai besoin de vivre des moments de solitude. Dans le milieu de la musique et du spectacle, paradoxalement, bien que nous travaillions souvent en équipe, nous sommes nombreux à nous sentir seuls. La chanson, en l'occurrence, ne fait pas référence au fait que l'on ne peut créer seul, mais il y est plutôt question de la vie intérieure, celle que chacun alimente. Nul ne se construit totalement seul. Parfois on a besoin d'être aidé par quelqu'un qui nous voit autrement que nous nous percevons nous-mêmes, quelqu'un qui possède d'autres outils que ceux que nous possédons pour nous réussir à nous apprécier à notre juste valeur.

Une métaphore me vient à l'esprit pour illustrer le besoin d'aide extérieure qui peut se faire sentir à certains moments de notre vie. Si vous utilisez toujours la même clé pour ouvrir une porte, vous ouvrirez indéfiniment la même porte. Mais si vous avez besoin d'ouvrir une nouvelle porte pour agrandir votre espace intérieur et accéder à de nouvelles perspectives, vous aurez besoin d'autres clés, donc des autres. Il est essentiel d'aller chercher l'aide adéquate au moment où l'on en a besoin, même s'il est vrai que ce n'est pas toujours facile.

Dès le début de ma carrière, je me suis fait accompagner par des professionnels pour m'aider à m'épanouir, à cheminer sur les plans professionnel et spirituel. Jamais je n'y serais arrivée seule. C'est la raison pour laquelle je rends ici hommage aux divers professeurs et *coachs* de vie qui m'ont aidée, et m'aident encore, à m'accomplir et à me réaliser. Cela inclut les psychothérapeutes, bien sûr, mais également les professeurs d'école qui m'ont donné confiance en moi, en mettant de l'avant mes qualités. C'est le cas notamment de mon professeur de théâtre du secondaire qui m'a si bien encouragée à monter sur scène alors que j'ignorais encore vers quelle profession me tourner. Cela comprend aussi les *coachs* qui ont jalonné mon parcours dans des domaines aussi différents que complémentaires. Sans eux, je ne serais pas qui je suis aujourd'hui. Je leur témoigne toute ma gratitude pour leurs conseils avisés.

> *Tout le monde a du talent. Ce qui est plus rare, c'est d'avoir le courage de développer ce talent.*
> **Erica Jong**

• Ernie

Dès que je prononce son prénom, je ressens énormément d'émotion, d'amour et de reconnaissance, car il m'accompagne dans chaque grand moment de ma vie, et ce, même encore dix ans après sa mort. Comme mon ami Sébastien, Ernie continue de m'habiter au quotidien, et ce qu'il m'a appris me nourrit chaque jour.

Je l'ai rencontré en 1999, alors que je cherchais un nouveau professeur de chant. Je l'ai trouvé grâce au bottin des Pages jaunes (le Google des années 1990)! Il habitait à Notre-Dame-de-Grâce, à Montréal, dans un lieu délabré qui ne payait pas de mine. Il ne cherchait ni à impressionner ni à persuader qui que ce soit de faire appel à ses services. Afro-américain originaire de Philadelphie, Ernie était un musicien de génie, qui avait travaillé avec Miles Davis et Nina Simone et de nombreux autres grands noms de la musique. Il était venu au Québec dans les années 1970 par amour pour une femme et n'en était jamais reparti. Il vivait en ermite, avec une humilité remarquable, et était encore en super forme à soixante-sept ans. Malgré son parcours flamboyant, il n'avait pas un ego démesuré. C'est son humilité précisément qui était impressionnante, tandis que lui n'était impressionné par rien ni personne. On ne savait dire s'il avait l'air d'un vieux sage ou d'un enfant!

Il est devenu mon professeur de chant. Puis, au fil de nos rencontres, Ernie a peu à peu pris la place de père spirituel. Adepte de yoga et de méditation, il m'a doucement amenée à reconnaître ma spiritualité et à la développer comme art de vivre : yoga et méditation, en passant par éveil intérieur, visualisation et ouverture de la conscience. Tout son enseignement était diamétralement opposé à ma manière d'être et de vivre jusque-là, différent de mon quotidien marqué par la rapidité, la performance et l'absolu désir de plaire et d'être aimée. Ernie m'a appris que nous sommes bien plus que ce que nous faisons. Nous sommes bien plus que ce à quoi nous consacrons nos actions, notre volonté, nos efforts, bien plus que tout ce que nous voulons atteindre à tout prix, et au prix de quoi, d'ailleurs? Il m'a appris que nous sommes des êtres accomplis et que nous n'avons pas besoin du succès pour nous en persuader. Il nous faut nous en rappeler chaque jour pour ouvrir notre cœur et notre conscience et apprendre à voir et à respecter la part divine en nous.

« Tu as reçu un merveilleux cadeau : donner de l'amour à travers ta voix, me répétait-il, alors ta mission est de l'utiliser. » Le jour où j'en ai pris conscience, ça a été fulgurant. Cette révélation intime et puissante m'a permis de dégager tout mon potentiel, en n'oubliant plus jamais qu'il existait et qu'il n'appartenait qu'à moi de le développer.

Ernie était également bon pédagogue, et il m'a fait considérablement progresser. Il avait un point de vue critique, mais juste sur ce que je faisais, il m'écoutait attentivement et entendait tout, pas seulement la texture de ma voix ou la justesse des notes, mais tout ce que j'exprimais par mon chant. Il me faisait chanter *a capella* pour que j'apprenne à développer mon oreille et ma justesse. À tel point que, lorsque je me suis mise à chanter avec des musiciens, je trouvais ça étrange. Il me disait que je ne pouvais pas «chanter pour rien», que ma voix devait véhiculer quelque chose d'essentiel. Il était très rigoureux. Ses compliments étaient rares, mais son intransigeance était bienveillante et stimulante. Parfois, ces exigences me mettaient mal à l'aise : j'adoptais alors une attitude de fuite et je pouvais ne pas l'appeler pendant quelques semaines, voire quelques mois parce que je redoutais sa réaction. Je n'osais pas par exemple, lui avouer que je n'allais pas bien, que je n'étais pas fière de moi, que je me sentais honteuse, voire négligente. J'avais l'impression que jamais je ne pourrais satisfaire à ses attentes. Mais lui ne me laissait pas tomber. Il me laissait des messages pour me rassurer : « *Open your heart, open your mind*[1]... » Cela me faisait un bien fou. Je reprenais confiance et je le rappelais aussitôt.

Un jour, enfin, j'ai réussi à l'impressionner ! Je l'ai invité au lancement de mon album *Smile* en mars 2007. Je m'en souviens comme si c'était hier. Il est arrivé dans la limousine que je lui avais envoyée. Il était bien habillé, magnifique, éclatant. Quel bel homme ! Ce jour-là, il a pris la mesure de mon succès par la présence des médias, le tapis rouge et l'ampleur de l'enthousiasme des invités. Et, aux journalistes qui me posaient des questions, je le présentais avec joie : « C'est Ernie Nelson, mon professeur de chant ! » Tout le monde pensait qu'il arrivait d'Hollywood. Il m'a regardée dans les yeux, ému, et m'a dit : « *You've come a long way*[2] ! » Il était vraiment fier de moi et je rayonnais de bonheur !

---

1   « Ouvre ton cœur, ouvre ton esprit... »
2   « Tu en as fait, du chemin... »

Malheureusement, il est parti quelques mois plus tard. Accaparée par la promotion de mon album, je ne l'ai que peu revu, jusqu'à ce que, le 5 septembre 2007, nous ayons notre dernière conversation. Nous avons discuté au téléphone pendant trois heures. Il m'avait promis d'assister à mon spectacle à la Place des Arts. Il n'est pas venu. Je l'ai appelé à plusieurs reprises en vain. Fin septembre, j'ai rêvé qu'il était mort, mais je n'avais toujours pas de ses nouvelles. Puis, je me suis finalement décidée à me rendre chez lui, avec ma mère pour soutien, comme si je savais inconsciemment qu'il était parti sans oser me l'avouer... Le surintendant nous a alors annoncé qu'Ernie était décédé dans la nuit du 5 septembre, et qu'il avait été trouvé sans vie assis dans la chaise où il méditait chaque jour. Il est donc parti sereinement... Cette idée m'a consolée malgré la peine immense que je ressentais.

Je l'ai longtemps regretté jusqu'à cette journée où je me suis rendue sur le Mont-Royal pour marcher seule. Je pensais à lui. Je me sentais tellement seule sans cette personne qui me comprenait totalement, et à qui je pouvais demander conseil. Je priais pour recevoir un signe, quel qu'il soit. Quelques heures plus tard, sur le trottoir où je marchais, j'ai aperçu un cœur dessiné par terre. Le sol était recouvert de neige à l'exception de ce petit espace en forme de cœur. J'ai souri. Je savais que c'était un message d'Ernie. Exactement comme j'avais associé le papillon posé sur ma main au souvenir de Sébastien. Depuis ce jour, dès que j'aperçois un cœur, je pense à Ernie, à son enseignement. Quand je chante, je pense à lui. Je fais en sorte de ne pas chanter «pour rien», et que ma voix soit riche d'émotions afin de toucher le cœur des gens.

• Monique

Après la mort d'Ernie, je suis restée deux ans sans professeur de chant. C'était inimaginable de le remplacer de quelque façon que ce soit. Puis Florence K. m'a recommandé Monique Cardinal. Le mot «cardinal» vient du latin qui signifie «pivot, charnière», j'y ai vu une continuité avec Ernie. Elle est donc devenue ma professeure en 2009. Elle est extraordinaire et c'est une femme exceptionnelle qui m'aide à progresser. Elle m'a réappris à chanter avec encore plus de technique. Elle m'a même aidée à soigner des inflammations des cordes vocales. C'est une magicienne de la voix! Elle est tout aussi rassurante qu'Ernie et, comme avec lui, nous avons de belles conversations.

• Chris

En 2014, je cherchais un *coach* sportif pour me remettre en forme. Au début, c'était essentiellement pour les besoins d'un vidéoclip, mais j'y ai pris goût et j'ai continué à faire appel à ses services. Je m'astreins à une discipline rigoureuse, même si cela s'accompagne de douleur. Chris m'a précisément appris que la douleur fait partie de l'entraînement, que l'on n'obtient rien sans rien. Je lui suis infiniment reconnaissante parce que repousser mes limites me procure une immense satisfaction! J'en ressens les bienfaits physiquement bien entendu, mais cela forge aussi mon mental. L'entraînement sportif m'est devenu indispensable. Durant les moments difficiles où je voulais tout lâcher, c'est lui qui m'a rappelé qu'on peut s'arrêter, prendre une pause, mais qu'on ne doit jamais abandonner!

• Dominique

Dominique a été mon coup de foudre d'âme à âme! Elle a été mon hypnothérapeute pendant plusieurs années. C'était une femme d'une extrême bienveillance, attentive aux autres, qui adoptait une belle attitude en toute situation et a d'ailleurs su rester forte et courageuse face à la maladie. Elle a lutté pendant cinq ans contre différents cancers. Elle souffrait, mais tout en gardant une attitude positive envers la vie. La côtoyer m'a amenée à réfléchir et à percevoir ses expériences comme des leçons de vie que j'ai fini par intégrer dans mon comportement. Dominique est décédée en août 2015. C'est elle qui m'a appris à exprimer mes émotions sans toutefois leur accorder plus d'importance qu'elles n'en ont. Son souvenir reste très présent en moi. Je pense souvent à elle.

• Ranil

Je participe aux retraites que Ranil dirige à Bali. Je programme mes séjours là-bas en fonction de l'horaire de son programme intitulé « Core Energetic », qui est une méthode puissante qui combine musique et *grouding* par la science quantique. Cette méthode permet de panser les blessures de l'âme au travers du corps physique. Et de sortir de vieux schémas destructeurs souvent inconscients. Ranil est indien, il vit en Australie et pratique des techniques de guérison de l'âme depuis près de trente ans! Ces techniques sont transmises depuis des siècles. Il m'a appris que l'ensemble des émotions se résume à deux émotions essentielles : l'amour et la peur. Quand on ne vit pas l'une, on bascule vers l'autre. Ranil enseigne à rester le plus possible dans le cœur. Son message consiste à s'ancrer le plus possible dans l'amour et non dans la peur, en confiance, avec sincérité et authenticité.

• Ron

Ron est un autre super *coach*! Il m'accompagne depuis 2012. Il m'a particulièrement bien épaulée pendant la période difficile que j'ai traversée entre 2013 et 2015. Et j'expérimente des résultats fascinants avec la technique qu'il utilise, IAM : Intention Attention Manifestation.

Le travail porte essentiellement sur l'ouverture de la conscience. Être conscient est une aventure merveilleuse et parfois effrayante parce que c'est un chemin de non-retour. Mais c'est merveilleux de se sentir en pleine possession de ses moyens, de voir la vie comme un jeu et de la partager avec des gens extraordinaires ! S'ouvrir à un degré élevé de conscience consiste à maîtriser ses émotions, à les reconnaître, à les accepter, à les canaliser.

Ron me ramène également au moment présent, ici et maintenant, pour vivre sans m'éparpiller, comme il est si facile de le faire dans nos vies agitées. Ron m'apprend à rester centrée sur moi-même et à prendre conscience de l'image que je renvoie, tout en gardant confiance en tout ce à quoi je crois. Je reste désormais consciente du fil de mes pensées, de mes intentions, de mes paroles, car elles se manifestent. Par exemple, je ne dis plus «Ça vaut la peine de faire quelque chose», mais plutôt «Ça vaut la joie de faire quelque chose.» Sérieusement, cela donne à ma vision de la réalité une certaine touche de légèreté. Si la peine devient une joie, alors sa manifestation sera beaucoup plus constructive !

Ron m'a appris concrètement le pouvoir des intentions, c'est-à-dire que l'on détient soi-même le pouvoir d'obtenir ce que l'on désire si l'on s'y prend adéquatement. Mais il m'a aussi appris à lâcher prise et à accepter mes émotions contradictoires, qu'elles soient positives ou négatives : doutes, hésitations. Toutes les énergies sombres – peur, insécurité, méfiance, sentiment d'abandon, tristesse, colère – sont légitimes, et nous n'avons pas d'autre choix que de les entendre pour les comprendre, les accepter puis les transformer. En faisant ce travail sur soi, nous pouvons découvrir que ce sont des forces insoupçonnées. C'est avec Ron que j'ai mis en place ma routine matinale. Et que j'apprends à dompter la tigresse en moi !

• Chantal et Kristine

Toutes deux m'ont aussi énormément aidée. Chantal, pour les merveilleux cours de yoga, pour le nettoyage des énergies, les techniques de reiki et les bienfaits des séances de polarité, qui permettent un rééquilibrage énergétique. Et Kristine, pour le nettoyage de mon patrimoine génétique, de mon ADN. Je me sens tellement plus légère et plus centrée sur l'essentiel à l'issue de mes séances avec elles ! Elles sont mes « sorcières bien-aimées ».

• Tina et Michael

Tina et Michael sont deux autres âmes magnifiques. Ils m'ont enseigné des techniques de méditation et de visualisation et appris que l'univers est abondance. Il suffit de demander ! Tina donne des conférences sur le leadership et la puissance créatrice. Michael est acupuncteur et donne des ateliers sur l'ouverture du coeur. J'aime profondément ces deux êtres. Dès que je me trouve en leur présence, je me sens en paix.

• Suzanne

Suzanne est ma précieuse partenaire depuis janvier 2015. À l'été 2014, après la sortie de l'album *Love moi* et suite au départ d'Alessandro, j'ai su que j'avais besoin de conseils pour mieux diriger ma vie. Comme Alessandro gérait de multiples aspects de ma carrière depuis 2000 – sans oublier qu'il était au début de l'aventure mon amoureux –, le fait qu'il s'éloigne de moi a eu le même effet qu'un tremblement de terre. Je me suis alors naturellement tournée vers Suzanne, qui est une amie depuis quinze ans.

Je l'appelle parfois ma manager, mon agente. Mais elle est surtout ma *partner*. Présente et attentive, Suzanne prend soin de moi avec subtilité et justesse. Je ne suis pas maternée, mais plutôt en compagnie d'une amie ou d'une grande sœur. Je me sens profondément aimée et soutenue. J'apprécie cette complicité féminine que nous partageons, c'est une tout autre dynamique que celle que j'ai connue par le passé.

Et je me sens plus sereine d'évoluer désormais dans une sphère davantage féminine parce que j'estime avoir suffisamment vécu en exacerbant mon côté masculin, au sens où j'ai longtemps été dure avec moi-même, et exigeante avec tout le monde, moi y compris. J'ai adouci cet aspect-là de ma personnalité, cette approche intransigeante, très yang. Je sais que j'ai maintenant besoin de douceur, d'amour, de bienveillance. C'est tout ce que Suzanne m'apporte. Elle est calme, à l'écoute, tout en étant pragmatique, efficace et elle me donne de judicieux conseils, en femme d'affaires aguerrie qu'elle est.

Elle incarne parfaitement l'image de la *businesswoman* performante qui ne se départit pas de ses valeurs féminines. La côtoyer m'a donné l'élan dont j'avais besoin pour prendre en main ma propre société de production, et choisir une équipe et un réalisateur pour diriger tous les aspects de la création de mon nouvel album *Femme*. C'est aussi à Suzanne que je dois l'idée de ce livre. Je n'aurais sans doute pas trouvé le cran de le faire si je n'avais pas rencontré quelqu'un d'aussi inspirant qu'elle.

Je profite des bienfaits de ma métamorphose, et mon entourage en ressent les bénéfices également. Assumer ma féminité a changé mon attitude envers mes amis. Par exemple, je suis aujourd'hui à même de demander conseil alors qu'auparavant, c'était plutôt moi qui écoutais mes amis pour les guider, les encourager. Le mouvement s'est inversé et ils en sont aussi étonnés que moi! Je suis désormais capable aussi de les entendre me complimenter sur le chemin parcouru.

Des professeurs et des *coachs* de vie, pour quoi faire ?

• J'ai toujours aimé apprendre de nouvelles choses, m'améliorer sur tous les plans, et c'est avec de l'aide qu'on y parvient le mieux!

• Il est très important de s'entourer des bonnes personnes. Il s'agit de choisir celles qui nous correspondent et ont de bonnes intentions. C'est une question d'instinct! Un thérapeute, professeur , ou un *coach* peut être très bon dans l'absolu mais ne pas vous convenir. Il faut s'écouter et choisir la meilleur personne pour vous.

• Tous ces guides ont en commun de nous aider à progresser. Que ce soit pour ouvrir son cœur, gagner en force mentale, acquérir une meilleure cohérence entre l'âme et le corps, le spirituel et le physique, ou encore guérir certaines blessures afin de voyager léger. Chacun à sa façon, dans son domaine respectif, avec sa vision du monde et sa philosophie, il donne des outils pour traverser les épreuves, pour ne pas s'effondrer, et, surtout, pour rester intègre et fidèle à soi-même.

• Il existe beaucoup de ressources pour trouver de l'aide selon ses possibilités financières. Être épaulé et guidé n'est pas uniquement réservé aux personnes qui ont de l'argent. Renseignez-vous autour de vous.

On ne peut rien apprendre aux gens. On peut seulement les aider à découvrir qu'ils possèdent déjà en eux tout ce qui est à apprendre.

Galilée

succès et échecs

Ma carrière s'étend maintenant sur quinze ans. Et j'ai désormais le recul nécessaire pour faire le bilan de mes succès et de mes échecs, ou plutôt de ce qui a moins bien fonctionné. Je n'aime pas le terme *échec*, car vivre un échec n'est jamais complètement négatif. Même si l'expérience est décevante, il faut se demander quelle leçon on peut en tirer. Il s'agit de la considérer comme une opportunité pour grandir et devenir plus fort. Nietzsche l'a bien dit : « Ce qui ne nous tue pas nous rend plus fort. »

Il appartient à chacun d'apprendre de ses succès et de ses échecs. Ce sur quoi il me semble essentiel de porter son énergie, son potentiel et sa créativité, c'est la capacité d'adaptation, parce que la réussite peut être aussi spectaculaire qu'inespérée. Le succès tient toujours du miracle, même lorsque tout est mis en œuvre pour y parvenir. Je le considère comme un cadeau de l'univers. Car parfois, dans des circonstances similaires, le succès n'est pas au rendez-vous. Le succès est une bénédiction imprévisible, ce qu'il me plaît de nommer un alignement des étoiles! Une chose est sûre : lorsqu'on est convaincu d'avoir fait le maximum pour toucher au but fixé et que, malgré cela, la réussite escomptée n'est pas là, on ne peut qu'éprouver la satisfaction du devoir accompli. Le reste ne nous appartient pas.

Quelle que soit l'issue d'un projet, qu'il connaisse du succès ou non, il est primordial de se souvenir de faire preuve de gratitude et d'accepter le fait que, la seule chose sur laquelle on a un certain contrôle, c'est notre attitude, la sincérité et l'authenticité avec laquelle on agit. C'est plus facile à dire qu'à faire, mais, croyez-moi, c'est une question d'entraînement qui produit d'heureux résultats!

Emporte dans ta mémoire, pour le reste de ton existence, les choses positives qui ont surgi au milieu des difficultés. Elles seront une preuve de tes capacités et te redonneront confiance devant tous les obstacles.

Paulo Coelho

Le retentissement qu'a connu la chanson *Baila*, qui figurait sur mon premier disque paru en septembre 2002, est un exemple du fait qu'il ne sert à rien de tout vouloir contrôler. Loin d'être ma chanson préférée, j'avais même hésité à l'inclure dans l'album.

Pourtant, elle a été un succès radio et m'a fait connaître du public me permettant de me produire sur scène une cinquantaine de fois cet été-là. Sans compter le spectacle de la fête nationale sur les plaines d'Abraham, en juin 2003, devant deux cent mille personnes. Cette reconnaissance m'a donné des ailes !

Mon deuxième album, qui est sorti en mars 2005 sous le titre *Pardonne-moi si je t'aime* – alors que je lui préférais le titre *J'existera*, qui reflétait exactement ce que je vivais à ce moment-là –, n'a pas marché. Ça m'a dévastée, car j'adorais son contenu qui illustre des sujets et des causes qui me sont chers, comme dans le cas de la chanson Tu n'es pas seule, écrite après un séjour bouleversant en Afghanistan. J'ai alors développé pour la première fois le syndrome de l'imposteur. J'ai voulu tout arrêter. C'est peu après que le premier moment de grâce avec Bono et mon premier rôle au petit écran dans la télésérie *Casino* sont arrivés. S'en est suivie la découverte de mon « essence ». Puis, en mars 2007, l'album *Smile* est paru : il est mon premier disque d'or (cinquante mille exemplaires vendus) et a figuré dans le palmarès des dix meilleures ventes d'album au Québec pendant plus de cinquante-deux semaines d'affilée. J'ai ensuite fait une grande tournée de spectacles à travers la province.

Les années 2007 à 2009 ont donc été marquées d'une série de succès extraordinaires. En 2008, j'ai rempli trois fois le théâtre Saint-Denis, à Montréal, effectué une longue tournée locale et internationale et reçu un disque de platine (cent mille disques vendus) pour *Smile*. Au printemps 2009, j'ai sorti mon quatrième album, *A la vida!*, qui a été consacré disque d'or, et j'ai été invitée au Festival international de jazz de Montréal. Puis, mon album du temps des fêtes, *Christmas*, a été accueilli très chaleureusement et consacré disque d'or également. Ceci dit, j'avoue que l'idée d'un disque de Noël, proposée par Alessandro, secondée par ma mère, ne m'inspirait pas au départ.

Tout ce que je vivais était magique ! Cette vague de succès déferlante n'était ni prévisible ni contrôlable et a pourtant mené à plus de deux cent cinquante mille albums vendus !

Rien n'est jamais blanc ou noir. Le chemin n'est jamais totalement lumineux ni obscur. L'essentiel à retenir est que «la seule chose qui ne change pas, c'est le changement», comme le rappelle le bouddhisme.

En 2011, j'ai ensuite eu le bonheur de concrétiser plusieurs de mes rêves. L'album *Precious*, en anglais, a connu un vif succès, bien qu'il diffère complètement de ce qui précède, avec des ambiances que le public ne me connaissait pas mais qu'il a aimées. J'ai multiplié les spectacles et les apparitions dans les divers événements estivaux, dont une nouvelle fois au Festival international de jazz de Montréal, offrant une représentation sur la scène extérieure. J'ai même chanté l'hymne canadien lors de l'ouverture du Grand Prix du Canada, qui est diffusé à travers le monde entier !

> *Lorsqu'on obtient une chose, on en perd une autre.*
>
> **Deshimaru, maître zen**

Pourtant, l'année 2011 a également été placée sous le signe du deuil et de la transformation. Une histoire d'amour s'est achevée tristement, ce qui a déclenché des crises d'angoisse et réveillé mon sentiment de dépendance. Professionnellement, je me suis mise à redouter à la fois mon propre succès et le fait qu'il puisse ne pas durer. Je me répétais sans cesse : «Qu'est-ce que tu vas faire s'il disparaît ?», «Qui es-tu sans la musique ?». Le succès peut se révéler une arme à double tranchant, qui vous propulse ou vous engloutit. Je me suis rendue à Bali pour la première fois au mois de juillet de cette année-là. Ça a été une révélation, et l'occasion de faire un bilan qui s'est illustré dans l'album *Best of*, paru en novembre 2012, dans lequel figure une chanson inédite inspirée par l'histoire de mes parents.

Sur le plan personnel, j'avais un nouvel amoureux qui prenait peu à peu la place d'Alessandro. Nous avions même pour projet de nous marier et de fonder une famille, jusqu'à ce qu'une fausse couche vienne à nouveau mettre un terme à cette autre relation. J'étais toujours habitée de questionnements, mais je reprenais peu à peu confiance en moi et en mes choix. C'est à cette période que j'ai conçu un nouvel album en français, Love moi, très intime et dont j'ai signé les textes. Malheureusement, lors de sa sortie en 2014, le public ne l'a pas adopté. Sur le plan professionnel, de nouveau, plus rien n'allait, d'autant plus qu'Alessandro, mon partenaire d'affaires de toujours, décidait de ne me plus suivre. J'ai de nouveau été tentée de tout arrêter. De renoncer. J'étais cruellement déçue que cette démarche de création personnelle n'ait pas été reconnue, ce qui n'a pas manqué de faire resurgir mon syndrome de l'imposteur.

Au retour de mon deuxième séjour à Bali durant lequel j'ai eu un grave accident de moto, à l'hiver 2014, je me sentais plus seule que jamais. C'est à ce moment que j'ai complètement lâché prise et qu'une lente reconstruction s'est opérée en moi. « *Make it clearer* » était devenu mon mantra quotidien. J'ai également beaucoup travaillé avec mes coachs, Ron et Chris. C'est ainsi que j'ai traversé cette dure période de remise en question. Avec succès! Ma renaissance s'est ainsi traduite par la sortie de l'album *Femme*, en septembre 2016, et la concrétisation de cet ouvrage.

> *Si vous traversez une période de brouillard, quoi qu'il arrive, ne perdez pas espoir. Vous ne le voyez peut-être pas en ce moment, mais au loin, le ciel de votre vie a déjà commencé à s'éclaircir.*
>
> **Nicole Bordeleau**

En fin de compte, aujourd'hui, alors que s'achève cette année 2016, je sais que je n'ai jamais été si authentique, fidèle à moi-même, autonome sur le plan affectif et indépendante sur le plan professionnel. Je suis devenue femme, artiste accomplie, dirigeante de compagnie exemplaire (je l'espère !) par-delà les montagnes russes des échecs et des succès, des sommets et des gouffres, bref des aléas de la vie. Et maintenant que je suis mieux outillée pour y faire face, je poursuis mon apprentissage plus sereinement.

Ce que j'ai appris

- **La vie est mouvement perpétuel.** Elle est à l'image d'un livre, dans lequel chaque chapitre a sa place.

- Certains apprentissages se font dans l'adversité, **mais les échecs nous font progresser.**

- **La confiance en soi a besoin de plus que de succès et de popularité pour durer.**

- Il faut aborder toutes les personnes que l'on croise sur son chemin avec respect et humilité, **que l'on soit au sommet de sa gloire ou en situation d'échec.**

- La vie n'est pas un long fleuve tranquille : il s'agit de savoir rester dans le mouvement et d'apprendre à surfer avec les vagues.

- **Tout passe, le bon comme le mauvais.**

> *Être libre, c'est aussi ne pas agir en fonction du regard d'autrui.*
>
> Frédéric Lenoir

liberté

Je suis un être libre. J'ai fondamentalement besoin de me sentir ainsi et je suis prête à tout pour défendre ce droit indispensable à mon existence et à mon épanouissement. J'ai toujours été ainsi, d'aussi loin que je me rappelle, même si ma façon de concevoir et de vivre ma liberté a évolué au fil des années. Il n'y a pas une seule définition de la liberté. J'ai appris, au fur et à mesure de mes expériences, que la liberté est avant tout un état à apprivoiser dans sa vie intérieure. Le besoin de liberté est plus ou moins fort chez chacun selon son caractère, mais je crois aussi que c'est un sentiment qui s'acquiert en fonction de ses choix de vie.

Je ne suis pas une personne conventionnelle, je ne viens pas d'une famille traditionnelle, mon histoire ne correspond pas à celle de la majorité. Enfant, j'en ai souffert parce que j'aurais sans doute eu besoin de plus de protection et de stabilité. D'ailleurs, à partir de l'âge de sept ans, ma mère comme mes gardiennes m'ont laissé faire ce que je voulais comme je le voulais. Je n'écoutais pas les règles, je ne respectais pas les consignes, personne ne posait de limites à mon comportement. Lorsque je suis arrivée au secondaire, cela a pris des proportions telles que j'ai dû changer d'établissement à plusieurs reprises. Bon an mal an, j'ai fini l'école secondaire en passant par le système privé, où mon père m'avait envoyée. Franchement, j'aurais pu mal tourner. Je considérais les normes et les restrictions pour une négation injuste de mon identité, alors que j'avais besoin d'affirmer mon existence. Je pensais, à tort, que pour y arriver, je ne devais en faire qu'à ma tête.

J'ai encore aujourd'hui beaucoup de mal à accepter les normes. Je refuse de rentrer dans des cases préétablies, aussi bien dans ma manière de penser que de vivre. J'ai cependant appris à user positivement de ce côté insoumis et anticonformiste, et également à respecter les règles pour en tirer des bénéfices. À partir du moment où j'ai décidé de prendre ma vie en main, j'ai appris à canaliser mon esprit rebelle et mes aspirations intérieures. Dans mon enfance, et évidemment encore plus durant l'adolescence, je confondais liberté et révolte. Or, s'il y a une réelle revendication de liberté dans la désobéissance systématique, elle ne suffit pas. Si l'on n'acquiert pas une certaine stabilité affective et émotionnelle, on ne peut certainement pas prétendre être libre.

À vingt ans, je pensais encore que, pour être libre, il fallait dire non à tout, s'opposer aux normes, systématiquement prendre le contre-pied. J'avais si peu d'amour pour moi, si peu confiance en moi et tellement de méfiance vis-à-vis des hommes que j'étais rongée par la jalousie, le doute et l'assurance que je n'étais pas aimable et que

j'allais forcément être rejetée. En tant qu'artiste, j'ai parfois été en proie au syndrome de l'imposteur, et, en tant que femme, j'ai souvent eu la certitude que je ne méritais pas d'être aimée. À l'adolescence, je ne m'aimais pas au point d'en venir à me dire des mots vraiment durs devant le miroir et à entretenir une relation violente avec mon corps. Comment parvenir à être sereine et libre dans une relation amoureuse dans ces conditions-là? Quand on souffre autant intérieurement, il est simplement inimaginable de se sentir libre, car on a l'impression d'être enchaîné à des tonnes de plomb qu'on traîne comme un boulet. Sans travail personnel et sans aide, je n'aurais peut-être jamais pu vivre pleinement cette belle liberté qui anime aujourd'hui mon être, je n'aurais pas pu la déployer et en profiter vraiment.

Il faut du temps et de la persévérance pour changer de comportement, en particulier sur le plan affectif et amoureux, mais je me suis vraiment accrochée. Ma démarche de guérison intérieure a été constante et de plus en plus introspective. J'ai creusé les pistes qui se sont progressivement présentées à moi. J'ai fait des thérapies, commencé à méditer, à faire du yoga, j'ai suivi des stages et j'ai eu la chance extraordinaire de rencontrer des professeurs et des *coachs* qui, avec diverses méthodes, techniques et discours, m'ont aidée à mieux me comprendre, à m'accepter, à m'aimer, à me respecter et à me bâtir une conception de la vie et de l'univers qui me correspond. Plus j'ai progressé dans la connaissance de moi-même, plus je me suis construit une dimension spirituelle, et mieux j'ai pu comprendre mes manques et mes dépendances affectives. Je me suis ouverte et j'ai développé des valeurs d'amour au lieu de me refermer sur moi-même et d'enraciner mes peurs, et je vis désormais en adéquation avec celle que je suis réellement. J'ai travaillé fort pour devenir la femme libre que j'ai toujours voulu être.

> *Être libre, ce n'est pas seulement se débarrasser de ses chaînes ; c'est vivre d'une façon qui respecte et renforce la liberté des autres.*
>
> **Nelson Mandela**

Sur un autre plan, je dirais que les voyages donnent aussi une liberté spectaculaire. Partir à l'autre bout du monde, découvrir des cultures et des paysages inconnus, ou encore donner rendez-vous à des amis à l'étranger, tout ceci provoque une sensation d'allégresse vibrante. Je suis toujours prête à partir. Voyager, c'est aller à la rencontre de soi, et de celle des autres, et plus encore, à la découverte de soi à travers les autres. Lorsqu'on est hors de chez soi, on est amené à se comparer et cela permet de relativiser ses problèmes. Les conditions de vie des femmes dans les nombreux pays que j'ai visités m'ont particulièrement touchée. Pourtant privées du degré de liberté que nous, femmes occidentales, connaissons, elles n'en demeurent pas moins humbles, disponibles et bienveillantes, et elles ont souvent une vie intérieure riche. Les rencontrer m'a donné une grande leçon d'humilité. Ces voyages et ces personnalités m'ont fait prendre conscience de la chance que j'ai de pouvoir faire mes propres choix pour mener ma vie comme je l'entends.

La liberté est à la fois une chance et un choix. Grâce à mes expériences à l'étranger, j'ai choisi d'entreprendre une thérapie, de cheminer pour me libérer des émotions négatives et des comportements qui m'emprisonnaient. Dans de nombreux pays, je n'aurais tout simplement pas eu la possibilité de le faire. Cette prise de conscience a d'ailleurs été à l'origine de mon engagement humanitaire.

> *La liberté n'est pas l'absence d'engagement, mais la capacité de choisir.*
> **Paulo Coelho**

Aujourd'hui, je me rends compte que je viens juste de franchir une étape déterminante qui fait que je peux maintenant me sentir pleinement libre. En effet, je veux parler de mon autonomie professionnelle et créative, celle que j'ai acquise étape par étape, entre 2014 à 2016. J'ai l'impression d'avoir traversé un long tunnel au bout duquel j'ai finalement trouvé la lumière, la force et la joie d'être complètement autonome.

Mais pour cela j'ai dû faire le deuil d'une exceptionnelle relation qui aura duré dix-huit ans. Celle que j'ai construite avec Alessandro. Notre histoire a débuté comme une romance. Il fréquentait le restaurant Globe, où je travaillais. Il a commencé à me faire la cour, mais je restais indifférente. Puis, il s'est débrouillé pour obtenir mon numéro de téléphone, et me laissait des messages. Il a tout fait pour me séduire : le bouquet de marguerites – mes fleurs préférées –, le souper romantique concocté par ses soins et savouré sur le toit de son appartement, les cassettes des musiques de films que j'adorais… Je suis finalement entrée dans cette relation avec prudence. J'avais à peine vingt ans. Il avait sept ans de plus que moi. J'ai vite compris que c'était un homme sur lequel on pouvait compter sans réserve.

Lors de notre premier souper sur le toit de son appartement, je lui ai spontanément chanté une chanson, qui l'a envoûté, selon ses propres mots. À cette époque, Alessandro était un homme d'affaires qui rencontrait déjà un certain succès dans le monde de la Formule 1. En m'entendant chanter, il a décidé de prendre ma carrière en main en m'orientant de manière avisée. Il s'est lancé dans cette aventure avec amour, foi, rationalité, porté par son talent d'homme d'affaires et de manager et grâce à ses nombreux contacts. Cette expérience a été extraordinaire, fulgurante et tout à la fois fondée sur des projets très concrets et sérieux parce qu'Alessandro est ainsi, un travailleur exigeant et créatif. Mon père et mon oncle nous ont alors aidés à créer notre propre compagnie de disque. Nous avions donc dès le début de ma carrière la liberté et le privilège de pouvoir gérer notre maison de production comme nous l'entendions. Puis, je me suis progressivement installée chez Alessandro, quittant ainsi le nid familial à l'âge de vingt et un ans.

Cette rencontre avec Alessandro a été décisive dans ma vie. Il est l'homme qui a fait de moi une chanteuse, en mettant en œuvre toutes ses forces et sa volonté pour trouver les bons contacts : compositeurs, réalisateurs, et pour créer les meilleurs plans de marketing ! Il m'a également permis d'ouvrir lentement mais sûrement mes ailes de femme. Notre société de production s'est appelée Divine Angel parce que c'est ce qu'Alessandro représentait pour moi : un ange protecteur et inspirant.

Alessandro a cru en moi, autant sinon plus que moi-même. Il m'a portée très haut, très loin, alors même que je vivais une période tourmentée. Il m'a fait découvrir l'Europe, puis de nombreuses villes à travers le monde. Il m'a révélée à moi-même et aux autres. Il m'a donné confiance en moi et m'a appris que la persévérance est payante. Peu à peu,

j'ai compris que notre amour était inconditionnel et que notre relation bénéficiait d'une
aura particulière, comme si nous étions frère
et sœur d'âme.

Au bout de cinq ans d'une relation intime forte, mes sentiments
pour lui ont changé. Je ne me sentais plus assez femme. Il était
à la fois mon coproducteur, mon manager, mon confident, mon
amoureux. Croyant au début que notre relation de couple fusionnelle continuerait de s'épanouir en travaillant ensemble, ma per-
ception a évolué : j'ai commencé à comprendre que ce n'était pas
possible. En tout cas, cela ne correspondait plus à mes attentes.
Notre couple s'est défait naturellement.

C'est après notre rupture que j'ai entamé
une thérapie et approfondi une démarche
spirituelle. Petit à petit, nous avons réussi à
surmonter notre peine d'amour pour continuer à travailler et à voyager ensemble. Nous
avons fait huit albums sous notre label Divine
Angel, *Love moi*, sorti en mars 2014, étant le
dernier. C'est après cet album qu'Alessandro a commencé à s'éloigner de la maison
de production. Il avait perdu la flamme. Je
me suis sentie abandonnée de nouveau. Je
n'avais pas du tout anticipé cette situation et
j'ai eu beaucoup de difficultés à l'accepter. La
rupture professionnelle a été radicale. Je me
suis sentie complètement perdue.

Quand j'ai rencontré Alessandro, je commen-
çais à peine à être adulte, je me cherchais et
il m'a prise sous son aile. J'étais Galatée et lui
Pygmalion. Alors après son départ, il a fallu
que j'apprenne à m'occuper de tout : gérer
mes comptes, payer ma carte de crédit,
mon téléphone... Ces détails du quotidien
m'étaient inconnus. Cela m'a pris deux ans
pour surmonter cette rupture, mais c'est
ce qui m'a finalement donné l'électrochoc

dont j'avais besoin pour devenir autonome et indépendante. Libre sur tous les plans. Quand il est parti, Alessandro m'a permis de prendre les rênes de ma vie. Et je lui serai éternellement reconnaissante pour tout ce que nous avons partagé et accompli ensemble.

En 2016, j'ai créé mon propre label, Seven Angels, qui m'appartient en propre et que je gère entièrement. C'est sous cette étiquette que j'ai orchestré chaque étape de mon neuvième album, *Femme* : depuis le choix des chansons jusqu'à la gestion d'image, en passant par le choix de l'équipe de musiciens et du réalisateur. J'ai bien entendu été accompagnée lors de cette aventure, entre autres par ma nouvelle manager, Suzanne, et par mon producteur délégué, Bob. J'ai relevé ce défi, j'y suis parvenue et j'en suis fière. C'est le début d'une nouvelle vie bien excitante !

Ce que j'ai appris

- J'ai toujours été portée par mon besoin de liberté.

- La liberté n'est jamais acquise, elle est le fruit d'un cheminement intérieur, d'un travail sur soi-même et d'une ouverture aux autres.

 • **La prise de responsabilité, même si elle inclut certains renoncements, mène à la liberté, à l'indépendance et à l'autonomie.**

• Et surtout j'ai appris que lorsqu'on n'a pas le choix, on se relève les manches et on travaille, on trouve des solutions et on s'adapte, et on se transforme dans l'adversité ! Ça, c'est un cadeau incommensurable !

plénitude

Je traverse une période de ma vie qui me rend particulièrement heureuse. J'ai atteint un certain équilibre entre travail et spiritualité. J'ai beaucoup œuvré pour toucher à cet état de plénitude chèrement acquis, et je suis prête à faire ce qu'il faut pour le conserver.

Quand j'emploie le terme «plénitude», je pense d'abord à la conciliation entre mes aspirations et mes réalisations, ainsi qu'à l'accomplissement de mes projets artistiques. Mon album *Femme* en est l'exemple parfait puisque j'ai dirigé toutes les phases de sa création, de sa production et de sa diffusion. Et j'y ai mis tout mon amour à chaque étape.

Je mentionnerai par ailleurs le rôle de l'argent dans ce sentiment de plénitude. Lorsque j'ai connu mon premier succès, j'ai gagné beaucoup d'argent. Cela m'a d'abord déstabilisée, car j'avais l'impression de vivre un rêve, mais j'ai été bien entourée et conseillée par des personnes de confiance et d'expérience – mes parents notamment, qui ont su gérer sainement leurs finances –, ce qui m'a permis de garder les pieds sur terre. Je leur en suis reconnaissante ; la plénitude elle aussi se nourrit du sentiment de gratitude !

Pourtant, jusqu'à très récemment, j'étais gênée de vivre dans une certaine abondance, comme si je ne le méritais pas. Quelqu'un me l'a fait gentiment remarquer et m'a amenée à prendre conscience de ce sentiment d'imposture. Pourquoi avais-je besoin de me justifier ? En apprenant à gérer mes finances après le départ d'Alessandro, j'ai également appris à m'accorder le mérite d'avoir de l'argent : je ne l'ai pas volé, il n'est pas tombé du ciel. Je l'ai gagné et j'ai travaillé fort pour l'obtenir. J'ai pris des risques. J'ai usé de volonté, d'intelligence, de sensibilité, de créativité, j'y ai mis tout mon cœur, ainsi que mon âme. Il me revient donc de plein droit.

Le succès s'accompagne de la notoriété, qui agit comme un miroir grossissant. Si vous manquez d'estime personnelle, que vous ne vous aimez pas, que vous êtes mal à l'aise avec votre corps, ou que vos désirs et vos aspirations ne sont pas adéquatement formulés, le risque de se perdre est grand. Mes parents et Alessandro m'ont soutenue dès le début de ma carrière, quand je nageais en plein décalage entre l'image ultrapositive que me renvoyait le public et le fait que je n'arrivais pas à m'aimer tout à fait. J'ai le sentiment d'avoir été protégée. Dès que j'ai su identifier mes souffrances, j'ai entamé un cheminement psychologique pour apprendre à panser mes blessures. Cela a été un travail de longue haleine, et j'y ai mis toute ma volonté et ma persévérance. La popularité a somme toute été l'élément déclencheur qui a révélé mes failles et avivé mon désir de les colmater pour atteindre l'équilibre intérieur. J'ai refusé de n'être qu'une belle image. Selon moi, la beauté intérieure et la beauté extérieure sont indissociables. Je me suis progressivement reconstruite de l'intérieur et cette démarche m'a permis d'atteindre la plénitude que je connais actuellement.

Cheminer spirituellement et m'entraîner physiquement me donnent l'énergie et l'endurance nécessaires pour relever des défis de taille. Aujourd'hui, qu'est-ce qui pourrait me déstabiliser? Je ne saurais répondre à cette question, mais je sais que je profite avec bonheur de cette belle période d'abondance et de plénitude, tout en sachant qu'elle peut prendre fin à tout moment.

> *La source de toute abondance ne se trouve pas à l'extérieur de vous, elle fait partie de ce que vous êtes. [...] La plénitude de la vie est dans tout. Quand vous reconnaissez l'abondance qui est autour de vous, l'abondance latente en vous s'éveille.*
>
> **Eckhart Tollé**

Je ne suis pas faite pour travailler en solitaire, et dans mon domaine, on ne peut pas réussir seul. J'ai fini par trouver ma place, c'est en tant que leader d'une équipe de création que je me réalise pleinement, à titre d'artiste mais aussi de productrice. Pour réussir, il s'agit de travailler avec des gens qui sont là par choix et non par nécessité. Le secret, à mes yeux, c'est de s'investir pleinement dans un projet porté par toute une équipe. J'aime d'ailleurs cette phase préparatoire intense et exigeante de la création, qui connaît son lot d'événements imprévisibles et pendant laquelle on travaille fort en groupe pour concrétiser une œuvre commune. C'est ce que j'appelle la période de polissage du diamant brut.

Ce que j'ai appris

- Mieux vaut généralement ne compter que sur soi-même, mais il est très rare de pouvoir réussir seul.

- Avoir besoin des autres, demander de l'aide, ne sont pas des signes de faiblesse, **bien au contraire.**

- On n'obtient rien de grand sans travailler fort.

- **On gagne à rester focalisé sur l'essentiel, au lieu de se laisser perturber par des contingences secondaires.**

- La patience est une alliée. **L'entretenir nous évite de fuir.**

Atteindre la plénitude ou réaliser qu'elle est à portée de main favorise la légèreté de l'être.

> *Je puis tout tourner en bien. Je sais tout tourner en bien. Je vais tout tourner en bien. Je veux tout tourner en bien. Et tu le verras toi-même : toutes choses tourneront en bien.*
>
> Prière de la mystique Julienne de Norwich (14ᵉ siècle)

#dompter la tigresse

J'ai appris, avec le temps, à dompter la tigresse en moi. En termes positifs, c'est ainsi que je désigne ma force de caractère, ma détermination, mon énergie, mon enthousiasme et mon optimisme communicatifs, ou encore mon tempérament d'artiste. Mais toute cette énergie peut se révéler négative lorsqu'elle est mal contenue ou dirigée. Ce débordement d'énergie s'accompagne dès lors d'un petit côté maniaque de l'ordre à la maison ou perfectionniste au travail. Je sais maintenant que cela cache un besoin de contrôle et génère une panoplie d'émotions qui m'amènent à ressentir beaucoup de souffrance. La peur, le manque, la colère et toutes les formes de désamour de soi, je les ai expérimentés souvent. Mais dès le début de la vingtaine, j'ai décidé de ne pas m'y soumettre et de prendre au contraire la tigresse à bras-le-corps pour la dompter ! On ne vit pas de façon épanouie quand on a l'impression d'avoir un fauve qui prend possession de son corps et de son cœur pour diriger sa vie. Ce n'est pas évident de dompter cette fameuse tigresse, mais j'y suis parvenue !

Toutes les émotions se classent en deux grandes catégories : l'amour et la peur.

L'amour est ouverture et bienveillance, sincérité avec soi-même d'abord puis avec les autres. La peur crée à l'inverse des courts-circuits en soi, elle pousse à se refermer, déclenche d'autres émotions corrosives sinon destructrices, conduit à des états de souffrance qui blessent également les autres, dans un effet boomerang.

L'amour libère, permet de grandir. J'ai fondamentalement besoin de liberté, mais la première liberté, la plus importante, c'est la liberté intérieure, indissociable de l'acceptation de soi et du fait d'être en accord et en paix avec soi-même. J'ai entrepris de nombreuses démarches de reconstruction, j'ai beaucoup travaillé sur moi-même, suivi des psychothérapies, des *workshops*, appris le yoga, la méditation, lu des livres de développement personnel, été à l'autre bout du monde pour appréhender de nouvelles façons de penser et de concevoir la vie. Depuis plus d'une quinzaine d'années, je fais tout cela par curiosité, par désir d'être dans ma vérité, pour apprendre à m'aimer et à me respecter, et pour me libérer des peurs et des émotions négatives qui m'entravaient et m'empêchaient de me faire confiance, de faire confiance à la vie et de m'épanouir. Ça reste un travail quotidien. Il faut toute une vie pour atteindre la paix intérieure. Ne désespérez pas !

Nous sommes les artisans de notre propre vie. Nous pouvons, chaque matin, choisir de quelle couleur sera faite notre journée de la même façon que nous choisissons des vêtements dans notre garde-robe. Il est donc pertinent de mettre en œuvre ce qui est nécessaire pour se sentir le mieux possible, pour s'accomplir et façonner l'existence que nous méritons. Il existe des outils merveilleux qui aident à y parvenir. Je les ai expérimentés au fil des ans. Ces méthodes d'introspection m'aident à mieux vivre, à assurer ma croissance et mon bonheur personnels.

Je commence chacune de mes journées par des rituels. En voici quelques-uns.

• Respirer

La respiration est essentielle. Cela paraît évident, mais ce n'est pas le cas. On oublie souvent de respirer en profondeur et calmement. Il s'agit de prendre conscience de ce mécanisme naturel avec sérénité et reconnaissance. Je respire, je suis en vie, je suis là, ici et maintenant. Pour ce faire, il y a des trucs faciles comme respirer avec le ventre en un cycle répété de quatre inspirations et quatre expirations. Même cinq petites minutes de respiration consciente par jour peuvent changer une vie !

Pendant la journée, si je ressens un influx de stress, de colère, d'angoisse, bref, si je sens que la tigresse se réveille négativement, je ne la laisse pas prendre possession de moi. J'écoute ce qu'elle a à exprimer, je m'allonge ou m'assois en indien et je commence à respirer lentement par le nez, sur un compte de quatre temps, en gonflant le ventre, puis j'expire sur un compte de quatre temps toujours par le nez en vidant mon ventre. Et je répète ces mécanismes plusieurs fois, jusqu'à ce que je sente le calme m'envahir. Parfois, je m'étends en plaçant un livre lourd sur mon ventre et je me concentre en regardant le livre monter et descendre sur mon nombril au rythme de ma respiration. Cela m'apaise profondément.

Apprendre à respirer est un remède puissant ! Il existe une variété d'exercices à pratiquer, par exemple par le biais du yoga. Je pense particulièrement à la respiration *kapalabhati*, c'est-à-dire «la respiration de feu» en sanscrit, ou aux exercices de pranayama – qui signifie «discipline du souffle au travers de la connaissance et contrôle du *prãña*, l'énergie vitale universelle» –, qui consiste à remplir ses poumons puis à évacuer l'air par les narines en une série de souffles puissants et répétés pendant environ une minute. Je recommande de découvrir cette technique puissante et subtile avec un professeur expérimenté, car elle peut engendrer des problèmes si elle est mal exécutée.

Je pratique le yoga depuis une quinzaine d'années. Je m'y suis d'abord initiée grâce à un petit livre, puis j'ai suivi des cours, entre autres dans les centres Sivananda et Yoga Shanga à Montréal. J'en fais également seule chez moi, en classe privée ou lors de retraites, au Québec et ailleurs dans le monde. Ça me fait un bien énorme! Et maintenant, il existe même des cours virtuels offerts en ligne, comme monyogavirtuel.com, créé par Annie Langlois – l'une de mes bonnes amies –, ou bien encore yogaglow.com. Et de beaux festivals aussi ont vu le jour, par exemple Wanderlust à Tremblant ou Lolë White Tour qui sillonne la planète.

Le mot «yoga» signifie «union» et renvoie au souffle vital qui nous relie à l'univers. Les Chinois l'appellent «Qi» (chi). L'évacuation du feu et la circulation harmonieuse du souffle sont à la base des médecines traditionnelles orientales dans lesquelles le mot d'ordre est la prévention plutôt que la guérison.

• Méditer

La méditation a la réputation d'être difficile. C'est certain qu'il n'est pas de prime abord facile de se concentrer sur un point fixe en laissant aller le flot de ses pensées, en devenant l'observateur qui laisse filer ce qui lui passe par l'esprit sans jugement. Cela semble fastidieux même, mais c'est tout le contraire! Comme dans tout, cela demande une certaine pratique, et plus on s'y adonne, meilleur est l'apprentissage. Lorsqu'on intègre la méditation dans une routine quotidienne, l'ego et l'esprit commencent par rechigner : non, on ne veut pas lâcher ses pensées, ses émotions, on préfère les cultiver plutôt que de s'en affranchir. La méditation crée un grand vide en soi et cela peut faire paniquer, puisque, dit-on, la nature a horreur du vide. On cherche alors mille façons de combler ce vide. Même si cela prend du temps et que c'est inconfortable au début, méditer, en d'autres mots, se centrer sur le moment présent pour intégrer en détail ce que l'on est en train de faire, procure des bienfaits incommensurables. Pour se rassurer, pour ne pas craindre le vide, on peut se dire qu'on ménage de la place pour accueillir la nouveauté, la surprise que génère tout changement. Lorsqu'on fait de l'espace en soi-même, l'univers tout entier conspire pour nous présenter de nouvelles opportunités.

Quand j'ai commencé à méditer, je m'impatientais : je tenais vingt secondes, trente secondes et j'en avais assez ! J'ai persévéré. Avec le temps, j'ai augmenté mon temps de méditation : une minute, puis deux, puis quinze... Aujourd'hui, ma méditation matinale dure parfois jusqu'à trente minutes, j'en sors régénérée : centrée, calme, pleine d'énergie, confiante et lucide, prête à passer la meilleure journée possible. Méditer, c'est apprendre à écouter ce qui est là, c'est se connecter à la source, au divin. C'est être ici et maintenant, sans fla-fla. Pour devenir sa propre meilleure amie. Pour entendre sa voix intérieure. Dans mon cas, c'est un chant intérieur, aussi... J'ai découvert il y a quelques années les méditations de Oprah Winfrey et Deepak Chopra que je vous recommande.

• Préparer sa journée

Bien se préparer avant de se lancer dans un projet fait une différence énorme. Alors pourquoi ne pas appliquer ce principe à ses journées ? Pendant de nombreuses années, j'ai beaucoup procrastiné, au point de me retrouver souvent à faire ce que j'avais à faire au dernier moment, dans le stress et la précipitation. Jusqu'au jour où j'ai compris que j'avais plutôt avantage à préparer mes journées à l'avance pour taire d'éventuelles angoisses et satisfaire mon besoin d'ordre et de contrôle. Dès que c'est possible, je prépare ma journée la veille sinon dès que je me lève, avant ou après ma routine matinale. Tout en prenant mon temps, je dresse une liste mentale des activités de ma journée ou, lorsque j'ai un rendez-vous, je prépare les points importants à aborder. Il s'agit donc simplement d'anticiper et de planifier ses actions, ce qui permet de faire de sa journée ce que l'on veut qu'elle soit.

• Dresser une liste de gratitudes

« Merci la vie ! » Je prononce ces mots chaque matin, avec conviction et générosité. Il est aussi important de s'accorder les mérites de ce qu'on a accompli, que de remercier la vie de toutes les belles choses qu'elle nous a données et continue de nous donner chaque jour. Avant, j'avais plutôt tendance à dresser intérieurement la liste de ce qui n'allait pas ou qui n'avait pas bien été, de ce que j'avais raté, de ce que je ne méritais pas, ou au contraire de ce dont j'étais digne et que pourtant je n'obtenais pas ! Cette approche est complètement stérile. J'ai radicalement changé ma façon de faire. Dans ma routine matinale, j'énumère désormais toutes les belles choses que je reçois en cadeau de la vie. Ça me met dans un bel état d'esprit, ouvert, serein et confiant pour le reste de la journée. Ce faisant, on crée un espace en soi pour recevoir encore plus au cours de la journée. Et il y a tant de raisons d'éprouver de la gratitude – comme le fait d'être en vie tout simplement, de pouvoir rêver, bouger, avoir une famille, des amis – que remercier la vie est devenu un jeu d'enfant !

On peut faire preuve de gratitude à tout moment du jour et de la nuit ! De plus, être reconnaissant fait monter très haut le taux vibratoire et fait naître un sentiment de bienveillance dirigé vers soi-même et vers autrui. Et comme je l'ai déjà mentionné, faire preuve de gratitude quand ça ne va pas est encore plus important. Savoir remercier la vie même quand les choses vont de travers permet de relativiser. Merci la vie! Essayez, vous verrez que ça change tout.

• Formuler une intention

Chaque matin, j'énonce clairement la direction que prendra ma journée. Je prononce à voix haute des phrases du type : «Aujourd'hui sera une journée merveilleuse!», «Je veux réaliser ça aujourd'hui», «Je serai ainsi ou ainsi aujourd'hui», «Telle chose se passera de cette façon.» Le pouvoir de l'intention est spectaculaire. En effet, une action ou une parole compte moins que l'intention qui la motive, qu'elle soit consciente ou non. Si l'on projette une intention négative, ou une peur, on peut créer un blocage qui empêche le développement harmonieux de nos désirs. À l'inverse, interpréter ce qui nous entoure de façon positive favorise la concrétisation de nos aspirations. Et puisqu'on ne peut pas contrôler l'énergie des autres, autant essayer de dompter la sienne!

• Pratiquer la visualisation

Je finis ma routine matinale en visualisant ce que je souhaite accomplir. Je me concentre jusqu'à ce que je visualise nettement ce que je projette de faire ou de vivre. Mon secret, le faire comme s'il s'agissait d'un jeu : on joue et on y croit.

En dehors de cette routine, j'ai mis en place un certain nombre d'autres rituels symboliques et énergétiques que j'applique chaque fois que j'en ai besoin. Je les ai peaufinés et perfectionnés au gré des expériences.

Nous évoluons plus rapidement dans le chaos, car le chaos est fondamentalement créateur en ce sens qu'il apporte un ordre nouveau. Mais les périodes de chaos sont difficiles, déstabilisantes, pleines d'énergies violentes, contradictoires, voire usantes. Cela peut mener à une intense production créative, mais qui nous bouscule dans nos habitudes, nous bouleverse, même si cela nous pousse à résoudre des problèmes pour avancer et grandir. Dans ces moments où domine la peur, il s'agit de se donner encore plus d'amour. Voici quelques méthodes personnelles et efficaces pour le faire.

• Se donner de l'amour

Je m'assieds en «tête-à-tête avec moi-même» et je me parle comme à une amie. J'entame un dialogue avec mon âme : «Alors vas-y, ma petite Ima, dis-moi ce que tu as à me dire, comment tu te sens, je t'écoute, je suis là...» Et je verbalise tout ce que je ressens, sans censure. Ensuite, je prends le temps d'accueillir mes propos avec bienveillance, puis j'essaie d'analyser les ressentis, une émotion à la fois pour comprendre. Les émotions forment une sorte de magma compact lorsqu'elles nous envahissent. Ce sont souvent les émotions de l'enfant en nous qui s'expriment confusément. Il faut les isoler pour pouvoir les écouter, car elles sont aussi légitimes que fragiles. Comme on le fait avec une pelote de laine, on prend un fil et on le déroule doucement pour défaire la boule des émotions.

Écrire produit le même effet. C'est une autre forme de dialogue intérieur. Je tiens mon journal depuis longtemps. C'est primordial. J'écris mes pensées et mes émotions, et aussi mes propres chansons. Écrire permet de se délester de ses émotions et de ses pensées, et ouvre des perspectives auxquelles on n'a pas accès lorsqu'on se contente de réfléchir.

À la fin de la conversation avec moi-même, en tête-à-tête ou par écrit, je me dis à voix haute que je m'aime, que je m'accueille et m'accepte exactement telle que je suis, avec toutes ces émotions négatives, excessives, encombrantes, infantiles. C'est le préalable indispensable à la poursuite de la réflexion qui détermine la valeur, la mesure et la justification de ces émotions.

• Gérer ses émotions

En cas d'un trop plein d'émotions, quand je sens que ça va déborder sans raison apparente, je cherche un endroit pour m'isoler et me calmer. Ce peut être un couloir, les toilettes, un banc dans un parc, assise dans ma voiture... Je pratique alors un exercice très efficace : le tapping avec respiration. Il s'agit de respirer lentement par le ventre et d'expulser l'air très fort, puis de plus en plus lentement. Simultanément, je tapote le dos de ma main du bout des doigts de mon autre main. Je fais ce geste jusqu'à ce que je me calme et que je sois capable de gérer la situation qui a provoqué le flux d'émotions. Ça évite d'exploser comme un volcan. Et ça marche !

Il est essentiel de repérer l'émotion dans le corps. Où est la boule d'émotions ? Où se loge-t-elle ? Souvent, il s'agit du ventre, du plexus solaire, des poumons, des épaules, sinon de la tête. Je m'assois alors et, dès que je suis parvenue à localiser la boule, je la prends virtuellement à deux mains comme si je tenais un ballon et je la sors de mon corps pour la poser devant moi. Faire réellement ce geste consiste à extérioriser l'émotion et est un rappel symbolique du fait que je ne suis pas l'émotion que je ressens.

Ensuite, je procède à l'analyse! Quelle taille fait-elle? De quelle couleur est-elle? Quelle odeur dégage-t-elle? Je l'observe jusqu'à parvenir quasiment à la matérialiser. Tout cela contribue à véritablement détacher l'émotion de moi. Nous ne sommes pas nos émotions, c'est essentiel à comprendre et à accepter. Alors, lorsque la boule est devant moi, de nouveau, je me place en situation d'écoute. «Vas-y, raconte, je suis prête à t'entendre, que veux-tu me dire?» Cette émotion a quelque chose d'important à m'apprendre, alors il s'agit de ne surtout pas la mettre de côté, ni de la mépriser ou de la faire taire.

Souvent, c'est l'enfant en soi qui a besoin d'être entendu. Et quand on entend cette émotion, même si on ne l'aime pas parce qu'on la croit mauvaise ou négative, on l'écoute jusqu'au bout, sans lui couper la parole, en se rappelant qu'on ne s'identifie pas à elle. C'est-à-dire pas seulement à cette émotion, parce qu'on en a beaucoup d'autres en réserve. On peut ne pas aimer l'émotion sans pour autant manquer d'amour ou de respect pour soi-même.

Finalement, quand l'émotion a vidé son sac, j'essaie de comprendre ce qui l'a générée. Quelle parole, quel geste ou quelle situation l'a provoquée? Était-ce à ce point épouvantable, inadmissible, blessant ou intolérable? N'y aurait-il pas eu une autre façon de réagir?

Chaque fois que l'on parvient à transformer ses émotions négatives en les accueillant et en les écoutant pour s'en libérer de façon positive, on acquiert davantage de conscience de soi, des autres et de son environnement.

Avec le temps, on apprend à repérer les débordements émotifs et à les circonscrire. On agit alors plus efficacement pour faire ce qu'on a à faire.

• Cultiver sa foi

Ma mère m'a légué la foi en la vie, c'est un immense et fabuleux cadeau. Croire profondément que la vie est bien faite et qu'elle nous apporte le meilleur est une chance. Ainsi, il est essentiel pour moi de cultiver de belles valeurs et de rester attentive et généreuse. Je crois à ces principes tout comme j'estime qu'il est nécessaire d'être conscient des grâces reçues.

Et je crois en la prière. Quelle que soit votre prière, trouvez-en une, apprivoisez-la, répétez-la chaque jour. La prière est un guide, un mantra, qui aide à tirer la spirale des événements vers le haut. Peu importe qui on prie, les anges, la source, un dieu unique ou non, l'énergie divine... La prière est une façon de lâcher prise, d'alimenter la force de la vie et de lui rendre grâce. Je prie tous les jours, d'une façon ou d'une autre, mais je prie.

• Se faire l'amie de la discipline

Je n'aime pas la notion de discipline que j'assimile au sacrifice, mais je l'ai intégrée avec des effets positifs. J'ai appris que la discipline, qui impose des sacrifices ou des renoncements, rend fier de soi, joyeux et permet ainsi une certaine plénitude. Je définis la discipline comme «un moins tout de suite pour un plus après»! La discipline apporte de la force pour le mental, de l'allégresse pour le cœur, et augmente la motivation. Elle contribue à l'atteinte de l'équilibre. Pour atteindre cet équilibre, j'ai dû au préalable expérimenter les excès et les dépendances de toutes sortes, notamment amoureuse. C'est le chemin que je devais suivre pour touver mon hygiène de vie. À présent, chaque jour, je mange sainement, je m'entraîne, je forge mon mental et j'entretiens des relations amicales, familiales et professionnelles stimulantes et inspirantes. Il s'agit de nourrir chaque corps de façon équilibrée : le corps physique, le corps spirituel, le corps énergétique, le corps psychologique. Et il ne faut pas hésiter à aller chercher de l'aide si le besoin s'en ressent. Il n'y a pas de mal à se faire du bien!

• Contrer le jugement

Attention au jugement! Apprendre à s'aimer et à s'accueillir nécessite d'aimer et d'accueillir les autres tels qu'ils sont. Laisser exister la couleur de chacun et l'aimer pour cela. Le monde ne serait-il pas triste s'il n'était peuplé que de clones de soi-même? Il est essentiel de pratiquer le non-jugement parce qu'à mon avis, le jugement empêche d'être authentique.

• Pardonner

Je ne me lasse pas du pardon, de sa force, de sa puissance de guérison et de libération profonde. Mais vous le savez déjà!

Voici pour conclure quelques livres qui m'ont influencée et qui m'ont aidé à cheminer :

La grâce et l'enchantement, de Marianne Williamson (mon livre de chevet)

Mange, prie, aime, d'Elizabeth Gilbert (je l'admire, j'aime regarder ses vidéos sur Youtube et je la suis sur Facebook)

Votre parole est une baguette magique, de Florence Scovel Shinn

Techniques de visualisation créatrice, de Shakti Gawain

La puissance de la joie, de Frédéric Lenoir

Guérir, de David Servan-Schreiber

Le pouvoir de la foi, de Bernard Sansaricq

Conversations avec Dieu, de Neale Donald Walsch

Les quatre accords toltèques, de Don Miguel Ruiz

Tao Te King, *Livre de la voie et de la vertu*, de Lao Tseu

Le jardin du prophète, de Khalil Gibran

Le Petit Prince, d'Antoine de Saint-Exupéry

L'alchimiste, de Paulo Coelho

Ce dont je suis certaine, d'Oprah Winfrey

Tous les livres et les vidéos de Wayne Dyer, ainsi que son film *The Shift*

Et si c'était à refaire ?

Je referais exactement pareil ! Je ne changerais rien, ou presque. Je suis fière de mon parcours.

Lorsqu'on se trouve au cœur d'un évènement, qu'il soit extraordinairement positif ou horriblement déstabilisant, on n'est pas toujours en mesure de comprendre ce qui est en jeu, ni pourquoi ça l'est. Mais en composant avec les hauts et les bas de l'existence, un jour arrive où l'on met le doigt sur les zones essentielles de son être. C'est le moment où notre liberté commence à s'exercer. Il existe des méthodes pour démarrer en douceur et j'ai eu grand plaisir à livrer ici les miennes, en espérant qu'elles pourront vous être utiles.

J'espère secrètement que cet ouvrage deviendra votre livre de chevet, que vous le feuilletterez au gré de vos envies, au hasard, en choisissant ce qui vous fait du bien ici et maintenant.

Les années 2014, 2015 et 2016 auront été déterminantes dans ma vie. Elles constituent une étape de métamorphose en la femme que je suis désormais, c'est-à-dire bien dans sa peau, dans sa vie et fière de son indépendance. Cette transformation a été marquée par un double processus de création. Pendant la rédaction de ce livre, grâce à laquelle je me livrais à un bilan intérieur, je concevais mon neuvième album, le premier sous mon propre label que – pour la première fois également – j'ai appris à gérer. J'ai relevé ces immenses défis simultanément et suis parvenue à bon port.

Femme, c'est le titre de mon nouvel album, mais c'est également une affirmation personnelle, une profession de foi. Concevoir un livre en même temps qu'un album de chansons s'est fait naturellement, car la musique et l'écriture m'apportent un équilibre qui me représente fidèlement : je suis à la fois une *entertainer*, une bête de scène – ce que m'apporte la musique –, et une femme qui a profondément besoin de solitude, de silence – ce que me permet l'écriture.

L'avenir, alors ? Je le vois simple, et surtout le *fun*. Je travaille énormément, et j'aime ça tant que ça reste agréable et enrichissant. Je ferai tout pour que cela demeure ainsi. Tout comme je ferai ce qu'il faut pour conserver l'équilibre que j'ai atteint entre le professionnel et le spirituel. Le processus a été ardu, mais le jeu en valait la chandelle. Ça en valait la peine ou plutôt, la joie ! Ça valait la joie d'apprendre à mieux me connaître, à m'aimer, et à me respecter. Pour partager l'aventure.

Mon plus grand souhait, mon objectif essentiel, reste le partage, la communion authentique, avec mes proches comme avec mon public. J'aime aider, faire du bien. C'est profondément ancré en moi, et cela aussi, je continuerai de le faire. C'est certain. J'ai le cœur qui déborde d'amour.

En écrivant ces derniers mots, je formule trois rêves, trois intentions : que ma musique touche le cœur et fasse du bien à ceux qui l'écouteront; que mes parents soient toujours heureux et proches de moi; que je sois heureuse et bien entourée tout en poursuivant mes voyages autour du monde pour nourrir mon âme de tant de beautés, de richesses. J'envoie ces pensées dans l'univers avec sincérité et gratitude. Merci Univers infini.

Et surtout, je continuerai de «surfer avec la vie», de composer avec tous les états et tous les éclats des mers que je rencontrerai. J'ai appris à le faire et, maintenant, je cherche à profiter des acquis de cet apprentissage. Surfer avec la vie, avec les crêtes comme les creux des vagues, et toujours avec un sourire radieux et sincère.

Surfer avec la vie, c'est ce que je vous souhaite, avec tout l'amour que vous méritez. Bon voyage!

Ima :) xxx

Table des Matières